Françoise Peille

Frères et sœurs

chacun cherche sa place

hachette
PRATIQUE

Direction : Jean-François Moruzzi
Direction éditoriale : Pierre-Jean Furet
Edition : Delphine Kopff Hausser
Couverture : Salah Kherbouche
Photographie de couverture : © Getty images / Brigitte Sporrer
Adaptation et mise en pages : Amaury de Saint Chamas
Lecture correction : Sandra Rodrigues de Oliveira
Fabrication : Amélie Latsch
Direction de la communication : Johanna Rodrigue
Contact presse : Mathilde Quénardel

Retrouvez l'auteur sur http://fpeille.chez-alice.fr/

Imprimé en Espagne par Rodesa, S.L.
Dépôt légal : avril 2011
ISBN : 978-2-0123-8204-6
23-8204-2

Je fais le rêve que tous les hommes, un jour, se lèveront et comprendront enfin qu'ils sont faits pour vivre ensemble comme des frères.
Martin Luther King

À mes frères et sœurs, qui m'ont permis de rester « la petite », étant la dernière,
À mon mari,
À mes enfants : Claire-Noël, Emmanuel, Miren,
À mes petits enfants : Nicolas, Marie, Andoni, Pierre, Fantine, Robin, Emie, Aïtana,
Aux nombreuses fratries et enfants uniques, qui ont eu la gentillesse de répondre à mes questionnaires,
Aux fratries rencontrées dans mon activité professionnelle,

Qu'ils soient tous ici remerciés.

Sommaire

Caïn et Abel, Hansel et Gretel, le Petit Poucet…

Les relations fraternelles sont toujours originales, souvent passionnelles, mais jamais simples. La rivalité occupe une place de choix dans les mythes, les contes, la littérature. Mais qu'en est-il dans la vie ? Les rapports entre frères sont-ils de brèves rencontres jusqu'à l'adolescence ou des histoires qui durent toute la vie ?

De quoi sont tissés les liens fraternels ? La jalousie occupe une place prépondérante ; est-elle normale, inévitable ? Est-elle accentuée entre frères et sœurs de même sexe, liée à la position, à l'écart d'âge ? L'attitude des parents a-t-elle un rôle déterminant ? Comment les pièces du puzzle que constituent nos frères et sœurs jouent-elles dans les relations avec nos parents ?

Quelles sont les raisons qui font parfois persister la jalousie à l'âge adulte ? Comment expliquer l'amour et la haine qui président dans nos relations avec nos pairs dans la vie sociale comme professionnelle ?

Différentes configurations familiales et fraternelles, selon les aléas de la vie, posent de nouvelles questions et donnent lieu à des interrogations.

Tout a été dit sur l'importance des parents dans le développement de l'enfant. Comment intervient la fratrie ? Est-elle la « grande méconnue » du roman familial ? Il y a quelques études psychologiques sur les relations fraternelles mais elles sont peu nombreuses.

Que deviennent les liens fraternels quand il y a séparation et comment vivent dans les familles, frères et sœurs, de sang, de cohabitation, de cœur, quand les circonstances déterminent la configuration de la fratrie ? Les frères et sœurs adoptés ont-ils une spécificité dans leur fraternité ?

Ce qui caractérise les frères et sœurs en dehors du sang et des liens affectifs, c'est la commune enfance et le partage des parents ou de leurs substituts.

Les enfants, eux, ont un sens aigu de leurs liens fraternels. C'est ainsi qu'aux États-Généraux des conseils municipaux d'enfants, ceux-ci ont proposé que les fratries ne soient pas séparées lors des ruptures familiales.

Un texte de loi promulgué en 1996 vise au maintien des liens entre eux : « L'enfant ne doit pas être séparé de ses frères et sœurs, sauf si cela n'est pas possible ou si son intérêt commande une autre solution. S'il y a lieu, le juge statue sur

les relations personnelles entre les frères et sœurs. » (Article 371-5 du Code civil.)
Ce texte faisait écho à une proposition de loi déposée par les enfants à l'Assemblée nationale la même année, dans le cadre du troisième Parlement des enfants : « Il serait normal que les frères et sœurs vivent ensemble s'ils le désirent, car ils s'aiment et sont malheureux d'être séparés. Les frères et sœurs peuvent s'aider en cas de difficulté : apprendre les leçons, se consoler lorsqu'ils sont malheureux, parler de leurs parents. »

C'est à l'unanimité que l'Assemblée nationale avait voté cette proposition de loi initiée par les enfants, une « première » dans la législation française.

« Un enfant tout seul, ça n'existe pas ; il faut y ajouter les soins maternels. » Le célèbre psychanalyste Winnicott nous a enseigné que le regard sur l'enfant ne peut être isolé de son environnement. Celui-ci sera d'abord sa famille, parents, frères et sœurs.

À l'arrivée du petit d'homme, nous sommes toujours plus enclins à étudier la relation verticale parents-enfant que celle, horizontale, avec les frères et sœurs. La psychanalyse a en effet peu parlé de la fratrie et de la manière dont elle s'inscrit dans la personnalité de l'enfant. Elle fait du conflit œdipien l'axe premier du développement, à savoir la relation privilégiée amoureuse et conflictuelle avec ses deux parents. Anna Freud écrit : « La relation de l'enfant avec ses frères et sœurs est subordonnée à la relation avec les parents, et en dépend directement ; les membres de la fratrie sont normalement les pièces accessoires des parents[1]. »

Avoir des frères et sœurs, c'est s'embarquer pour une longue aventure, une aventure singulière.

Il y a autant de familles différentes qu'il y a de situations familiales. Chaque fratrie est unique par sa composition, le rythme des naissances, le hasard de la répartition des sexes, les conditions de vie familiale et la place que chacun occupe dans le cœur parental.

Les enfants uniques vivent l'expérience particulière de l'absence de frère et sœur, avec tout l'imaginaire qui en découle, et tout ce que suscite la présence dans leur entourage de fratries. Certains ont un frère ou une sœur, et affrontent le duel « complicité/compétition » face à l'amour parental. D'autres enfants, à trois ou davantage, connaissent la stimulation du groupe, les alliances qui peuvent changer selon les circonstances. Il y a aussi les jumeaux, vrais ou faux, dans la relation spécifique qui s'établit entre eux et avec le monde extérieur, dans leur propre fratrie s'ils sont plusieurs, entre eux quand ils sont seuls.

Certaines fratries auront à vivre un deuil dans leur famille, deuil d'un enfant né avant eux ou d'un frère déjà connu.

Il y aura des expériences particulières dans une famille où un enfant malade ou handicapé sera intégré dans l'univers familial. Quelles conséquences et quelles souffrances pour la fratrie ?

1 Anna Freud, « Survie et développement d'un groupe d'enfants ; une expérience bien particulière », 1951, *L'Enfant dans la psychanalyse*, Gallimard, 1976.

Des « expériences fraternelles » seront vécues par des enfants qui, pour un temps, vont vivre dans des familles d'accueil ; ce seront des frères et sœurs de lait, parfois de sang.

> La fratrie élevée ensemble peut être une réponse à la défaillance parentale, comme il est préconisé dans les Villages d'enfants[2].

Comment vivent toutes les familles dissociées, recomposées à l'aube de ce millénaire ? L'enfant unique, par la séparation des parents, peut se voir muni d'autres frères et sœurs par la nouvelle union d'un ou de ses deux parents. La famille réduite peut se diversifier et se complexifier par la présence de demi-frères ou de demi-sœurs, ou des frères et des sœurs de cohabitation sans lien de sang.

Ainsi sont les liens complexes de la fraternité. Ceux que nous avons tissés dans notre enfance vont présider à nos choix existentiels, souvent à nos choix d'amour, et à nos capacités à créer des liens en dehors de nos familles. Qu'ils s'aiment, se haïssent, s'ignorent ou se jalousent, ce lien passera obligatoirement par la place réelle ou supposée de chaque enfant dans le cœur parental, et aussi de celle que chacun tient dans sa fratrie.

Et pour nous tous parents, consciemment ou non, ces rapports marqueront la relation que nous aurons avec nos

2 SOS Villages d'Enfants est une fédération internationale d'associations qui accueillent des enfants (généralement des fratries) confiés par la protection sociale ou judiciaire.

enfants. Comment vivons-nous leurs rivalités fraternelles, sinon en fonction de notre propre vécu fraternel ? Ce lien va rester insolite jusqu'à la vieillesse, mais il va évoluer, se transformer pour souvent se retrouver à la mort des parents tel qu'il avait été dans notre enfance.

Il est banal de dire que, devant le cercueil parental, se rejoue entre frères et sœurs la rivalité intense qui parfois n'avait pu être exprimée pendant l'enfance. Au décès des parents, quand l'héritage se dessine, « la fratrie se dévoile ». Que de conflits à nouveau !

Les nouvelles fratries en ce début de millénaire interrogent les parents dans leur fonction parentale. Dans cette complexité, comment chaque enfant pourra-t-il trouver sa place et, en définitive, réussir sa fratrie ?

Pour écrire ce livre, je me suis appuyée sur mon expérience de psychologue en consultation, sur mon vécu personnel – dernière d'une fratrie nombreuse – et sur des questionnaires concernant les familles nombreuses, les enfants uniques et les fratries multiples (jumeaux, triplés). Les questionnaires ont été distribués au hasard des rencontres ; ils ne correspondent ni à un milieu déterminé, ni à une population ciblée : ils étaient anonymes. Beaucoup m'ont répondu avec plaisir en insistant sur l'importance de la fratrie dans leur histoire personnelle ou leur place d'enfant unique dans leur famille ; de même les jumeaux ont pu parler abondamment de l'expérience de leur gémellité. J'ai recueilli cent questionnaires de familles nombreuses, soixante-quinze d'enfants uniques, dix-huit de fratries multiples.

C'est aussi avec plaisir que j'ai entamé ces recherches et mon périple. On n'épuise pas un thème comme la fratrie. Peut-être permettra-t-il à certains de nouer ou dénouer ces fils tissés dans notre passé. Il n'y a pas de recette magique. Il faut que le désir de se retrouver l'emporte sur les frustrations et les inévitables faux-pas.

Chapitre I

LA FAMILLE D'HIER ET D'AUJOURD'HUI

Nous avons tous une histoire, une histoire de famille, dont nous sommes l'un des maillons, pleine de personnages que nous connaissons bien : père, mère, grands-parents, frères et sœurs… et d'autres, dont nous ne savons pas grand-chose, mais dont les traces subsistent en nous. Cette mosaïque familiale, même si elle a été plurielle, a exercé sur nous une influence déterminante, que nous en ayons conscience ou non.

En effet, nous naissons dans une famille, au sein d'une certaine société, à une époque donnée, dans un pays particulier. Nous ne serions pas les mêmes, si nous étions nés au Moyen Âge, dans trois siècles ou dans une autre civilisation…

Que penser du concept de famille ?

Par son institution, même si le contenu du concept est différent suivant les sociétés et a beaucoup évolué dans le temps, la famille a pour fonction de maintenir la paix sociale.

Elle règle l'interdiction de l'inceste, l'éducation des enfants, l'exogamie ou la circulation des femmes, la succession des biens.
Seul pilier de la société à résister à l'usure du temps, elle désigne quels êtres sont responsables des enfants. Les adultes parents constituant la famille œuvrent dans le but d'assumer la pérennité de l'espèce, l'éducation.

On ne peut pas mettre en doute l'importance de la famille dans le développement de la personnalité de chacun. Dès la petite enfance, elle représente la matrice à l'intérieur de laquelle l'enfant se développe, le lieu où se forment ses liens émotionnels les plus forts, la toile de fond de sa vie personnelle la plus intense, et elle le restera toute la vie, quelles que soient ses expériences futures. « Groupe humain le plus intime, il en restera souvent le plus secret[3]. »
Bien sûr, le contenu de la famille a évolué, et à l'heure actuelle les changements se font de manière très rapide par la

3 E. James Anthony, Colette Chiland, Cyrille Koupernik, *L'Enfant dans sa famille, volume III : L'enfant à haut risque psychiatrique*, PUF, 1980.

multiplicité des divorces, des séparations, des recompositions. On parle de famille éclatée, recomposée, de cohabitation épisodique autour d'un ou plusieurs enfants, etc. Mais nous parlons tout de même de « famille », et ce mot a un sens pour chacun de nous ; elle n'est pas morte, malgré ce que l'on entend çà et là.

Pas plus que la famille sacralisée d'hier, la famille « en miettes[4] » d'aujourd'hui n'est ni la panacée, ni le paradis sur terre.

La fin du modèle traditionnel ne signifie pas la fin des liens familiaux, ni de l'esprit de famille. On parle plus volontiers de réseau. Certains sociologues[5] insistent sur le renforcement des liens. La famille devient alors « entourage » et s'inscrit sur un socle éminemment affectif. Nous sommes passés, comme le dit Marcel Gaucher, sociologue, de la famille institution pérenne à la famille contrat, donc à la privatisation des relations ! C'est un changement profond dont l'impact concerne entre autres la transmission et l'éducation.

Avoir un enfant est presque devenu un droit dans notre société. La France protège et encourage les femmes à procréer. La contraception permet en principe de choisir le moment d'enfanter, et l'assistance médicale à la procréation repousse

4 Jean-Michel Gaillard, *La Famille en miettes*, Éditions Sand, 2001.

5 Claudine Attias-Donfut, Nicole Lapierre, Martine Ségalen, *Le Nouvel esprit de famille*, Odile Jacob, 2002.

les limites de l'infertilité, relayée également par l'adoption. Cependant l'arrivée du premier enfant est beaucoup plus tardive qu'autrefois : 30 ans en moyenne en l'an 2009. « Ce vieillissement des mères est connu : études plus longues, souci de stabiliser la vie professionnelle et d'apaiser ses émois conjugaux avant de se lancer[6]. »

On sait que plus le niveau de vie d'une population donnée est élevé, plus le nombre de naissances par femme est faible. Par ailleurs, ce sont les femmes très aisées ainsi que les plus pauvres qui sont les plus fertiles.

Cependant, qu'ils soient mariés ou pas, 40 % des couples vont se séparer avant dix ans de vie commune. Malgré cela, le taux élevé de rupture conjugale a peu d'incidence sur la fécondité. Lors d'une séparation, il y a des femmes qui, à nouveau en couple, referont des enfants pour sceller leur nouvelle union, tandis que des hommes, se remettant en ménage avec des jeunes femmes, peuvent, et souvent plusieurs fois, avoir des enfants…
Les séparations des parents conduisent inévitablement à des fractures dans la fratrie, souvent des recompositions, des modes de vie différents, des images substitutives parentales modifiées.

* Le réseau fraternel

Dans ces familles diverses, reconstituées, « multiformées », le fraternel reste le point le plus obscur du lien. Cependant,

6 Émilie Lanez, « Pourquoi les Françaises font-elles plus d'enfants? », *Le Point*, 4 janvier 2002.

s'il est distendu, il reste symbolique et est beaucoup plus revendiqué par les enfants qu'autrefois[7].

La taille des fratries a diminué depuis des décennies, et celles de deux enfants sont les plus nombreuses. Mais les naissances augmentent en France depuis quelques années. En l'an 2010, 829 000 enfants sont nés dans notre pays, soit 50 000 de plus que 10 ans plus tôt. Entre 1999 et 2000, l'augmentation des naissances a été de 5,65 %, la plus importante depuis 20 ans.

Combien d'enfants par Française ?

Les Françaises sont les plus fécondes d'Europe : 2,0 enfant par femme contre 1,4 pour une Allemande, 1,2 pour une Espagnole, 1,8 pour une Anglaise. En France, 10 % seulement des femmes n'ont pas d'enfants, alors que les femmes infécondes chez nos voisins sont plus nombreuses : 14 % en Grande-Bretagne, 17 % en Allemagne. La probabilité pour qu'une Française déjà mère d'un enfant en ait un deuxième est de 80 %. Parmi ces mères, quatre sur dix en auront un troisième et dernier. La probabilité de passage au quatrième s'effondre ; c'est ainsi depuis cinquante ans.

7 Cf. loi édictée par le Parlement des enfants, p. 2. Journal officiel : loi du 30 décembre 1996 relative au maintien des liens entre frères et sœurs.

* Les « variations » des fratries actuelles

En France coexistent les familles traditionnelles et les autres : la famille peut être classique, c'est-à-dire nucléaire, mais aussi monoparentale – que la situation soit subie ou voulue. Il existe aussi des modes d'accueil diversifiés. De plus en plus souvent vivent ensemble, et durant une partie de leur enfance, des frères et sœurs de cohabitation sans lien de sang. Parfois, deux enfants dans une famille monoparentale vont se trouver additionnés d'un autre enfant, lui-même en situation de monoparentalité. Ce couple nouvellement formé peut être homosexuel. Toutes ces recompositions peuvent nous donner, à nous adultes, le vertige, mais les enfants, eux, frères et sœurs de sang, de cœur ou de cohabitation, devront s'adapter.

Il est certain que le désir d'enfant qui a une puissance exigeante pour chacun de nous, et qui puise sa source dans notre histoire infantile fait souvent peu de cas des conséquences sur les enfants à venir. La taille de la fratrie apparaît toujours comme la résultante du désir d'enfant des deux parents et de leurs éventuelles limitations biologiques dans un compromis parfois difficile à trouver. Cela les renvoie bien sûr à leur enfance.

Les couples ont un nombre d'enfants qui ne correspond ni à la taille de la fratrie du père, ni à la taille de la fratrie de la mère. Ce qui est certain, c'est qu'inconsciemment, nous nous positionnons, quant au nombre d'enfants que nous avons, en grande partie en fonction de ce que nous avons vécu, c'est-à-dire du nombre d'enfants de notre propre fratrie et des représentations que nous nous sommes forgées dans ce champ de l'expérience. Ceci pour insister sur le jeu complexe des identifications et des contre-identifications à nos propres parents.

En ce qui concerne la taille de la fratrie, elle est plus souvent liée au désir de la mère qu'à celui du père. Ce dernier laisse souvent le choix à sa femme, pensant que c'est un droit de la maternité, même si parfois il met son veto à une famille plus nombreuse. Beaucoup de femmes qui auraient souhaité un deuxième, voire un troisième enfant, en ont été empêchées par leur mari. Inversement, certains hommes auraient aimé avoir d'autres enfants, mais ne les ont pas imposés à leur épouse. Cela est un avantage réservé à la maternité, et montre que dans ce domaine complexe, où se joue le désir d'enfant, les compromis sont parfois difficiles.

Quoi qu'il en soit, le résultat de ces désirs, de ces compromis, de ces séparations, de ces nouvelles vies, c'est l'enfant.

Il pourra s'identifier à des adultes fiables et sûrs, surtout si les conditions de vie sont difficiles, et s'identifier aussi à ses pairs, frères et sœurs, qui seront des relais intermédiaires. Toutes ces différentes fratries seront des entités cliniques individuelles, et les adultes qui les entourent devront les aider à trouver leur place en pensant d'abord à l'intérêt de l'enfant avant le leur.

Couple conjugal et couple parental

S'il y a actuellement dissociation entre le couple conjugal et le couple parental, le législateur a voulu maintenir le couple parental en donnant à chacun l'égalité des droits et des devoirs ; l'autorité parentale conjointe, la garde alternée quand c'est possible, pour que l'enfant ait ses deux parents à égalité.
« Le groupe familial n'est pas un groupe comme les autres. C'est un groupe relationnel », dit François de Singly. La famille tend à privilégier actuellement la construction de l'identité personnelle aussi bien dans les relations conjugales que dans celles entre les parents et les enfants. Moderne, la famille serait un réseau de relations affectives et de solidarité fondé sur la diversité des modes de vie et sur la primauté des liens relationnels.

Dans le cas des multiparentalités pour l'enfant, il est souvent difficile de se repérer. Cependant, comme dit Alain Ferrant[8], psychanalyste, « il faut que le *m* (aime) dans la famille demeure ; il contient, soutient, et parfois soigne ; si le *m* disparaît, il n'y a plus que faille ». Faillite, serait-on tenté d'ajouter.
Si dans cette évolution de la famille, il y a parfois des blessures, il faut que celles-ci ne laissent pas de traces trop importantes dans la vie des enfants, que la richesse et la satisfaction l'emportent sur la souffrance. Il faudra que l'adulte

8 Alain Ferrant au colloque de la Société Psychanalyste Parisienne sur les « *Nouvelles familles* », le 7 février 2002.

ne leur fasse pas une place impossible, mais une place où ils auront toujours leur vie d'enfants.

Sondage

Neuf Français sur dix trouvent que c'est une chance d'appartenir à une fratrie de plusieurs enfants. (Sondage Louis Harris 2003.)

Naissance d'un puîné ou l'arrivée de l'intrus

Tout commence à l'arrivée du second. Cependant, quand naissent d'autres enfants, la jalousie est ravivée, et l'émotion se renouvelle chaque fois.

Une situation bien connue des parents, et généralement assez bien supportée par eux, c'est l'expression de la jalousie d'un aîné à la naissance du second. Même si la réaction est différente à la naissance du troisième, voire du quatrième, on en parle beaucoup moins. Ce qui fait partie du folklore familial, ce sont les réactions de l'aîné.

Il est vrai qu'à la naissance du troisième, le deuxième est déjà dans une situation de partage, mais le regard parental porté sur le nouveau-né sera source d'envie. L'intrus sera celui qui s'immisce dans la fratrie, qu'il soit deuxième, troisième ou davantage.

* Devenir l'aîné

C'est un véritable cataclysme pour l'enfant qui devient l'aîné. Si toutes les situations familiales sont différentes, il est certain que le drame du partage se joue à l'arrivée du second. Brusquement, l'enfant ne va plus avoir seul le territoire familial, alors qu'il en avait le monopole. Ce sera le partage des objets, mais aussi et surtout celui de l'amour parental, et le bébé, pour un aîné, est un voleur d'amour.

> Même si cela est connu et admis depuis longtemps, nous nous figurons mal l'intensité de ces émotions et le rôle immense qu'elles jouent dans l'évolution ultérieure. Quand naissent d'autres enfants, l'émotion se renouvelle avec la même intensité.

Dans sa cinquième conférence sur la féminité[9], Freud insiste sur l'impact de la naissance d'un autre enfant, se confondant avec la privation, et introduit ainsi la notion d'intrus : « L'enfant voue à l'intrus une haine jalouse. »

* Partage et jalousie

Le *Petit Robert* donne la définition de l'intrus : « Personne qui s'introduit quelque part sans être ni invitée, ni désirée ; synonyme : importun, indésirable. » Dans le même dictionnaire, sous le terme « jalousie », nous pouvons lire : « Attachement vif et ombrageux, sentiment que l'on éprouve en voyant les autres jouir d'un avantage qu'on ne possède pas ou qu'on désirerait posséder exclusivement. »

Cela peut se résumer ainsi : naissance du frère, frustration de la nourriture et de l'amour donnés par les parents, et en premier lieu par la mère, dispensatrice du lait nourrissant. Ainsi, ce petit garçon de trois ans, en larmes devant la petite sœur au sein : « Elle va me manger ma maman ; il ne restera plus rien. » Source d'envie, le regard parental sur le nouveau venu a un impact différent sur chaque enfant de la fratrie. Il arrive sou-

9 Sigmund Freud, « La féminité », *Nouvelles conférences sur la psychanalyse*, Gallimard, 1984, p. 161-162.

vent que l'aîné, à la naissance du troisième, revive la frustration subie et se manifeste bruyamment. Plus grand, il aura cependant des compensations avec sa position d'aîné, et il faudra que cet avantage supplée à ses manques.

> C'est à partir de l'événement de la naissance,
> avec l'impact subjectif pour chacun,
> que la névrose infantile va s'organiser.

Comment est vécue cette venue dans le couple parental ? À quel moment du développement de chaque enfant cette arrivée surgit-elle ? Autant de questions, autant de réponses pour chacun.

Il est certain que toutes les naissances de nouveaux bébés sont des épreuves pour la fratrie, et les parents le savent et essaient souvent de compenser par des cadeaux aux aînés. Même si l'on croit avoir très bien expliqué à un enfant la future venue d'un frère ou d'une sœur, il ne peut pas bien l'appréhender, car on ne comprend que ce que l'on a expérimenté soi-même. Cela ne veut pas dire qu'il ne faille pas le préparer – pas trop longtemps à l'avance pour des petits qui n'ont pas la notion du temps – mais cela n'évitera pas la souffrance et la frustration.

Si une mère fait caresser son ventre par un aîné, en lui expliquant qu'il y a là un petit frère qui va bientôt sortir, il dira « oui » et pourra le répéter à son entourage, mais lorsque le frère sera là, il ne fera plus le lien avec son arrivée. C'est ainsi qu'à la clinique, un petit garçon de trois ans continuait à caresser le ventre de sa maman ; celle-ci lui explique que le bébé est dans le berceau, et l'enfant de répondre : « Oui, mais je caresse celui qui est dans ton ventre ! » Cela pour dire que, malgré toute notre bonne volonté, l'épreuve sera là, et généralement il la surmontera bien.

Un cœur élastique

Partager l'amour parental, qui est essentiel, est-ce n'avoir qu'une part du gâteau familial ? Maurice Titran, pédiatre à Lille, avait l'habitude de dire aux enfants que le cœur des parents est élastique, qu'il s'agrandit au fur et à mesure que les enfants naissent. C'est une belle image souvent vraie, que les enfants peuvent bien comprendre, et qui les confortera dans le sentiment qu'ils sont uniques pour leurs parents.

Une dame raconte que sa petite fille de deux ans et demi mettait des petits cailloux dans le berceau de son frère ; sa maman l'a interpellée en lui demandant pourquoi elle faisait cela, en lui disant qu'elle allait peut-être faire du mal au bébé ; la fillette lui répondit : « Ne t'inquiète pas, ils sont tout petits ; cela ne lui fera pas de mal, mais quand j'aurai rempli le berceau, on ne le verra plus. »
L'intensité de la réaction de la jalousie à la naissance ne présage pas des relations futures entre les frères et les sœurs. Cependant, si celles-ci persistent plusieurs mois, et que l'en-

fant agit sa colère plus qu'il ne l'exprime, on peut craindre que ne s'installent plus facilement les rivalités. Très vite, la jalousie ne sera pas seulement de l'aîné vers le plus jeune, mais pourra en retour s'exprimer du petit vers le grand.

Aux parents d'être vigilants en ne faisant pas de comparaison et en valorisant chaque enfant dans sa spécificité, c'est-à-dire en montrant les avantages à être grand et les bénéfices à être petit.

*** Rivalité et identité**

Souvent cette rivalité fraternelle ne s'exprime pas les premiers jours, mais seulement après, c'est-à-dire quand l'espace de l'aîné se rétrécit au fur et à mesure que l'enfant grandit. Elle est essentiellement fonction du ressenti des parents.

Une jeune mère amène en consultation Sophie, une fillette de quatre ans, qui présente des troubles du sommeil depuis l'arrivée du petit frère. Dans un premier temps, la maman dit que l'arrivée du petit frère n'avait pas posé de problèmes spectaculaires. En « bonne mère », elle avait gâté Sophie à l'arrivée du bébé. Ce peut être le rôle du papa de le faire, ce qui est un plus grand bénéfice, surtout pour les petites filles. Elle ajoute que depuis quelque temps, elle a beaucoup changé : « Pierre, le bébé, prend de la place, et elle l'embête beaucoup. » Elle insiste sur la méchanceté de la fillette, et nous voyons que la mère supporte très mal ces manifestations. Interrogée sur sa fratrie et sur sa position dans sa famille, la maman pourra parler de sa souffrance après l'arrivée de son frère dont elle ne se souvient pas, mais elle remarque qu'il y a la même différence d'âge entre elle et son jeune frère qu'entre ses enfants.

Il est certain que la naissance de son second enfant l'a renvoyée à elle-même, petite fille, et à son vécu à l'arrivée du frère dont elle se plaint encore actuellement. Sans doute souffrait-elle des sentiments violents qu'elle avait eus à son égard, et ne voulait pas les redécouvrir chez son enfant. Cela est très fréquent dans les familles, où la jalousie exprimée n'a pas droit de cité. Parfois, certains adultes sont bloqués à l'âge de la jalousie normale, et dans un mécanisme de défense, ne peuvent ni reconnaître ni accepter la jalousie de leur enfant. Mais il n'est jamais trop tard, et tel père ou telle mère peut revenir en arrière.

En questionnant les parents, l'enfant peut par son comportement leur offrir la chance d'éclairer leur propre traversée de la jalousie et permettre ainsi à chacun de vivre plus paisiblement. C'est ce qu'ont fait Sophie et sa maman au cours de quelques consultations.

La rivalité existe, et il est sain qu'elle puisse s'exprimer, pas trop violemment bien sûr, par des mots et non par des coups. Bien évidemment les actes agressifs sont à canaliser. Mais concernant les sentiments, il convient que les grandes personnes aident les enfants à les discerner en eux et à exprimer leurs émotions.

Il est souhaitable d'aider les enfants à trouver des mots pour exprimer ce qu'ils vivent.

Quelques conseils

Il ne s'agit pas de dire : « Tu es jaloux, tu es méchant », mais peut-être, parfois avec un certain humour, de s'exprimer ainsi : « Je comprends que tu ne sois pas très content parce que ce petit frère prend beaucoup de place, et que je ne m'occupe pas de toi autant que tu voudrais. » Car chacun de nous voudrait toujours en avoir plus – l'être le plus comblé est ainsi fait.
On peut gronder, mettre des limites, mais ne pas mettre en cause l'affectif. Les parents savent que lorsqu'ils sont fâchés, ils aiment tout de même leur enfant, mais lui-même ne le sait pas.
Récemment, un pédiatre racontait qu'une mère se plaignait devant sa fille qu'elle était très agressive avec son frère. Le pédiatre, s'adressant à la petite, lui dit : « Tu as le droit de ne pas aimer ton frère ; cela dit, tu n'as pas le droit de lui faire mal. »
L'enfant pense souvent : « Si je suis jaloux, je suis forcément rejeté par mes parents, alors je deviens encore plus jaloux. »

La jalousie, ce n'est ni bien, ni mal. C'est un sentiment originel d'un chemin obligatoire pour tout être humain exposé à rencontrer l'autre. Cette expérience permet à l'enfant de parvenir à une meilleure différenciation des rôles de chacun. Vouloir toujours tout comme l'autre, c'est être pareil, c'est n'être pas soi. Accepter sa différence, c'est acquérir une identité. Ce sentiment naturel de jalousie doit pouvoir être dépassé s'il n'est pas souligné par l'entourage, mais reconnu pour ce qu'il est.

Y a-t-il un écart idéal entre les enfants pour qu'il n'y ait pas d'hostilité ?

Cela dépendra de plusieurs facteurs, et en premier lieu, du désir et du ressenti de chaque parent.
Quelques travaux cependant se sont penchés sur les corrélations possibles entre les écarts d'âge et la jalousie entre frères et sœurs. L'idée est généralement admise que l'hostilité sera plus forte quand l'écart d'âge se trouve compris entre deux et quatre ans, c'est-à-dire quand la naissance du puîné survient avant que l'aîné ait abordé et assumé sa problématique œdipienne. Après cinq ans, le grand peut avoir des compensations qui l'aideront à surmonter l'épreuve.
De même, il est courant de dire que la jalousie entre frères ou entre sœurs est plus intense qu'entre frère et sœur, mais la complicité aussi. D'une part, pour les parents, avoir deux enfants du même sexe qui se suivent, c'est être assujetti à la comparaison, d'autant plus si l'un d'eux a été désiré comme devant être de l'autre sexe, si on désire un garçon après une fille ou vice versa. D'autre part, les protagonistes de sexes différents trouvent à se valoriser

**par l'unicité de leur sexe : « Oui, mais moi je suis un garçon » ; « Oui mais moi, je suis une fille et pas toi. »
Cela ne se vérifie pas dans les réactions à la naissance : le puîné est toujours un voleur d'amour quel que soit son sexe. Mais c'est plus tardivement que peuvent apparaître les conflits. Cependant, la jalousie née de la rivalité va faire lien, lien positif, souvent indissoluble, dans la fratrie. Il n'est pas rare, lorsque deux adolescents ou deux jeunes adultes s'entendent bien et se souviennent peu de leurs différends dans l'enfance, que les parents interrogés sourient et disent combien leur rivalité était intense quand ils étaient petits.**

* Amour et complicité

Dans la traversée de ces sentiments de rivalité et de jalousie, où se mêlent dans des proportions différentes pour chacun amour et complicité, la fraternité est ce chemin incontournable dans lequel nous avons construit notre vie.

Colette Fellous, sœur cadette après quatre garçons, écrit : « La relation entre frère et sœur est plus qu'une école : c'est un enseignement, un enseignement au quotidien, un enseignement perpétuel. C'est la découverte de la vie, de la peur, de la jalousie. Nous sommes nés de la même maison, le ventre de notre mère ; ce séjour presque commun a créé en nous un lien indissoluble, un secret[10]. »

10 Colette Fellous, *Frères et sœurs*, Julliard, 1992.

Ces découvertes, ces constructions au quotidien, sont-elles rythmées par le rang dans la fratrie ? Sommes-nous déterminés par cette position qui n'a été choisie ni par nos parents, ni par nous-mêmes, ou pouvons-nous échapper à notre généalogie fraternelle ?

Les frères et sœurs « doivent » s'aimer ; entre eux, ils doivent s'aider. Il faut partager entre frères… Les frères d'armes, les frères de guerre, etc. Ce sont de vrais frères, qui ont ensemble vécu un même temps. Certaines expressions semblent, dans toutes les familles, aller de soi, alors qu'elles supposent l'aménagement des problèmes conflictuels.
Il faudrait, en effet, que les frères et sœurs s'interdisent l'agressivité et la haine, comme ils doivent s'interdire la sexualité et l'amour. Ce qui leur est demandé est d'autant plus paradoxal qu'ils ne se sont pas choisis, mais ont été imposés les uns aux autres dans leur âge, dans leur ordre d'arrivée, dans leur sexe…

Ce qu'il faut savoir

L'arrivée d'un enfant dans la fratrie est une épreuve, qui n'est pas toujours apparente.
Les réactions à la naissance, faites de jalousie et de besoins de régression, sont normales mais il n'est pas nécessaire de les souligner ou d'en rajouter.
Chaque enfant doit avoir le sentiment d'être unique pour ses parents.

Chapitre II

LIENS FRATERNELS SINGULIERS ET COMPLEXES

La dynamique propre aux relations fraternelles doit pouvoir s'attacher aux aspects positifs, qui s'entremêlent souvent à d'autres plus négatifs. Mais elle reste un lieu privilégié d'échanges et de liens plus favorables, car elle est moins infiltrée d'affects exacerbés que la relation conflictuelle œdipienne…

Bible, contes et littérature

Une place de choix dans la Bible, les contes et la littérature a été réservée aux relations fraternelles. Les thèmes autour de l'entraide, la rivalité ou l'inceste abondent, mais toujours en relation avec l'amour parental.

* Dans la Bible

La première évocation de la rivalité fraternelle fut celle décrite par la Bible entre Caïn et Abel. Ayant su qu'Abel était le préféré de Dieu, sa jalousie entraîne Caïn à provoquer la mort d'Abel.

Une autre histoire biblique, dans laquelle l'attitude parentale est à l'origine de l'exaspération des sentiments, témoigne de la haine fraternelle et du désir fratricide.
Joseph n'était pas aimé de ses frères, car leur père Jacob lui marquait sa préférence. Ils complotèrent contre lui et décidèrent de le tuer. Après avoir vendu Joseph comme esclave contre vingt pièces d'argent, ils rapportèrent à Jacob un manteau taché de sang, et racontèrent que leur frère avait été attaqué par une bête féroce. Le temps s'écoula, les frères connurent la culpabilité et le repentir. En supprimant Joseph, ils n'avaient pas réglé leur problème de jalousie, car Jacob ne cessait de pleurer son fils préféré.
Pendant ce temps, Joseph, arrivé en Égypte, fut revendu au chef des gardes du pharaon, puis jeté en prison. Son compagnon de cellule était l'échanson du pharaon. Joseph,

qui avait le don d'interpréter les songes, expliqua celui de l'échanson ; cela lui valut d'être libéré et de trouver une place auprès du pharaon. Celui-ci, subjugué, le nomma vice-roi d'Égypte. Un jour, Joseph vit arriver ses frères et leur dit : « Je suis Joseph que vous avez vendu. » Les frères craignirent qu'il se venge d'eux mais il les rassura : « C'est Dieu qui m'a envoyé ici pour faire en sorte que toute notre famille survive à la famine. Allez chercher notre père, vos femmes et vos enfants, et venez vous installer en Égypte. » C'est ainsi que Jacob et sa famille s'établirent en Égypte. Jacob, très âgé, y vécut dix-sept ans. À sa mort, les fils eurent peur que Joseph se souvînt de leur haine à son égard. Ils allèrent le voir et lui demandèrent son pardon ; il répondit : « Ne craignez rien ; c'est au Seigneur de distribuer récompenses et châtiments ; Dieu a transformé le mal en bien. »

Ainsi dans la Bible, les frères ennemis font l'apprentissage de la fraternité et de la réconciliation. L'entente fraternelle est passée d'abord par la haine, mais les a unis dans le remords. Joseph montre que la clémence remplace la vengeance, que le pardon supplée la haine.

> **Ce qui est intéressant ici, c'est de montrer à quel point la haine est une réponse à la préférence exprimée de Dieu ou des parents.**

Répétition transgénérationnelle

L'histoire de Joseph peut aussi être entendue comme un mécanisme de répétition transgénérationnelle ; il a été chassé de chez lui en raison de la jalousie de ses frères, conséquence de la préférence de son père, qui lui-même voulut partir de sa maison à cause de la haine d'Esaü son frère, parce qu'il était le préféré de sa mère.

* Dans les contes

Dans *Le Petit Poucet*, on peut mesurer la solidarité fraternelle. Grâce aux cailloux, il peut retrouver le chemin de la maison, et loin d'essayer de se sauver seul, c'est avec toute sa fratrie qu'il revient au bercail familial. C'est aussi le nombre important de ses frères, similaire à celui de la famille de l'ogre, qui l'aidera à utiliser le stratagème pour les sauver tous...

Dans *Cendrillon*, dont nous avons été bercés dans notre enfance, le sort réservé aux méchantes sœurs, chez les frères Grimm, peut paraître sans nuance : « Au moment où l'on célébrait ses noces avec le fils du roi, ses perfides sœurs vinrent la voir et voulurent rentrer dans ses bonnes grâces pour avoir part à sa fortune... Alors des colombes vinrent crever un œil à chacune d'elle. Ainsi, pour leur méchanceté et leur perfidie, elles furent punies de cécité pour le restant de leurs jours. »

Charles Perrault préféra une autre conclusion : les deux sœurs reconnurent Cendrillon dans la belle personne qu'elles avaient vue au bal ; elles se jetèrent à ses pieds pour lui demander pardon de tous les mauvais traitements qu'elles lui avaient fait subir. Cendrillon, en les embrassant, leur dit qu'elle leur pardonnait de bon cœur, et qu'elle les priait de toujours l'aimer. Elle, qui était aussi bonne que belle, fit loger ses deux sœurs dans le palais, et les maria à deux grands princes de la cour.

> **Chacun, selon son propre ressenti familial, pourra choisir l'un ou l'autre de ces dénouements.**

* Dans la littérature

> Victor et Eugène Hugo

Dans la littérature, l'histoire des deux frères Hugo, Victor et Eugène, a passionné beaucoup de lecteurs. Dans le livre de Max Gallo[11], il est aisé de suivre le long cheminement de la rivalité « passion/fusion » des deux frères. Eugène, de deux ans son aîné, a toujours été avec Victor, pendant les dissensions familiales, alors qu'Abel, leur frère aîné, était avec son père Léopold[12].

Grâce à la pension, Victor pense qu'au milieu de ses pairs, il évitera le tête-à-tête avec Eugène qui est une rivalité permanente. Victor est irrité par ce compagnon de tous les jours, qui veut s'imposer à lui. Mais la pension, la séparation avec la mère, la quête perpétuelle auprès du père, les rapprochent : « Comment en vouloir à Eugène, à ce presque double, le compagnon d'étude et de jeux, de rêves et d'in-

11 Max Gallo, *Victor Hugo, tome I, Je suis une force qui va !* XO, 2001.

12 Abel est né en 1798, Eugène en 1800 et Victor en 1802.

quiétudes, ce frère en malheur[13]. » À la pension Cordier, les enfants se définissent comme une seule et même personne ; c'est le nous qui préside. Eugène écrit le plus souvent à son père pour quémander ; Victor refuse souvent de signer, mais désormais Eugène termine ainsi ses lettres : « Tes fils soumis et respectueux. Victor, Eugène. »

À quinze ans, Victor adresse un poème à l'Académie française, où il est primé. Par son frère aîné Abel, il sait qu'Eugène a aussi présenté une œuvre à l'Académie, mais qu'il n'a rien obtenu. Victor tente d'étouffer sa joie, ce sentiment de triomphe qui l'envahit. Il a, sans le vouloir, vaincu ce rival fraternel, mais il se sent coupable d'éprouver ce plaisir. Il est poète, il veut la gloire, il se l'avoue comme si la notoriété dont il a bénéficié grâce à la mention à l'Académie française avait avivé son désir :

« Gloire, c'est à toi que j'aspire ;
Ah ! Fais que ton grand nom m'inspire,
Et mes vers pourront t'obtenir[14]. »

Mais un bonheur est rarement sans nuage. Chez leur mère, où ils vont maintenant fréquemment, il regarde son frère qui, assis en face de lui, écrit avec la même fébrilité. Cela l'irrite et le taraude, car Eugène, qu'il avait cru vaincu, ne renonce pas. Il compose une *Ode sur la mort du Duc d'Enghien.*
Cette compétition, cette rivalité littéraire qui ne cesse pas,

13 Victor Hugo, *Odes et ballades : Mon enfance*, Flammarion, GF, 1998.
14 Victor Hugo, *Cahiers de vers français (1815-1818) : Le désir de la gloire.*

perturbe Victor comme « l'amour que la mère manifeste également à Eugène, l'admiration qu'elle lui porte, comme s'il était destiné lui aussi à être un jour célèbre[15] ».

Voilà que leurs études secondaires se terminent et Victor se demande quel sera l'avenir de leurs relations. Eugène veut faire son droit et engage son frère à faire de même, parce que la charge financière pour leur père serait moins lourde. Tiraillé par des sentiments contradictoires, Victor se range cependant aux arguments d'Eugène.

Comme s'il voulait supplanter son frère sur ce terrain-là aussi, c'est lui qui écrit le premier à son père : « Nous allons commencer notre droit. Sois sûr, mon cher papa, que dans tous les temps nous ferons en sorte de mériter ta satisfaction par des travaux et notre conduite… Ton fils soumis et respectueux. Victor », et Eugène signe.

Victor poursuit sa carrière littéraire, mais la pensée de son frère Eugène le taraude toujours. Celui-ci s'enferme chaque jour davantage dans le silence et une violence maladive.

Dans ses tourments sentimentaux, Adèle Foucher, que Victor a connue aux Feuillantines, va peut-être enfin devenir sa femme. Mais cette dernière a été convoitée par Eugène, et cela ne rend pas les choses simples. La maladie gagne Eugène ; des accès de violence se succèdent. Victor sait que son frère l'épie, le visage crispé par la jalousie, la rancune

15 Max Gallo, *op. cit.*, p. 142.

brillant dans ses yeux. L'indignation gagne Victor : « Une lumière hideuse a été jetée sur le caractère d'un être. Que ne m'a-t-il plutôt poignardé pendant mon sommeil, ce misérable fourbe ! » Il ajoutera immédiatement : « Mais jamais je ne le haïrai. »

Le jour du mariage de Victor avec Adèle, Eugène va faire une crise de démence. On réveille les mariés au petit matin. Victor sort de la chambre. Il sait déjà que le malheur est là. Une nuit de bonheur doit se payer d'une part de souffrance. Après une soirée aux propos incohérents, Eugène est devenu furieux ; ramené dans sa chambre, où il a prétendu allumer les bougies pour une fête, à coups de sabre, il détruit les meubles. La jalousie d'Eugène à son égard, cette longue rivalité qui les taraude tous les deux, ses échecs qui s'étaient accumulés ont explosé dans ces actes de démence.

Victor est accablé, il essaie de dissimuler, tente de donner le change, écrit à son père qu'avec Adèle, il jouit du bonheur le plus doux et le plus complet, mais cette joie est voilée par le naufrage de son frère ; ce sentiment de culpabilité que Victor sent en lui restera une plaie purulente. Eugène, après quelque temps passé chez son père et sa belle-mère, est interné. Victor va d'abord le voir, puis les médecins interdisent les visites, parce que chaque visite de son frère le plonge dans une agitation intense. Eugène meurt en mars 1837 ; le jour où Victor apprend la mort de son frère, il a un petit accident dont une lettre de Juliette nous rend compte sans en donner le détail.

Cette longue histoire d'amour et de haine a marqué toute l'œuvre de Victor Hugo. Elle ne s'achève ni à l'internement, ni à la mort d'Eugène ; elle suit son cours dans son œuvre comme si, ayant « avalé » son frère, il poursuivait, à travers l'œuvre fraternelle, une sorte de vie souterraine.

On peut lire dans *Les Voix intérieures* : « À Eugène, vicomte H. » poème de deuil écrit sitôt la mort d'Eugène :

« […] Tu pars du moins, mon frère, avec ta robe blanche !
[…] Tu n'as rien fait de mal, tu n'as rien fait d'étrange
Comme une vierge meurt, comme s'envole un ange
Jeune homme, tu t'en vas,
Rien n'a souillé ta main, ni ton cœur […]. »

Faut-il penser que le frère survivant est coupable ? Est-il Caïn ? Se vit-il meurtrier et coupable ? Il est aussi Abel, le privilégié, celui qui est la victime de l'envie et la haine :

« Et moi, je vais rester, souffrir, agir et vivre ;
[…] Le renard envieux qui me ronge le ventre, sous ma robe abrité. »

> On peut voir de manière presque caricaturale ce qui peut se passer entre deux frères : compétition, alliance et même fusion – ils ne faisaient qu'un, face à leur père plus particulièrement – mais toujours la rivalité sourde, qui s'insinue partout, ne les laissant en paix ni l'un ni l'autre.

Se séparer pour s'individualiser,
tel est souvent l'impossibilité de deux frères
dans la littérature comme dans la vie.

> Simone et Hélène de Beauvoir

Simone de Beauvoir évoque sa relation avec sa sœur Poupette : « Je ne vivais pas seule ma condition d'enfant ; j'avais une pareille, ma sœur, dont le rôle devint considérable aux environs de mes six ans. On l'appelait Poupette ; elle avait deux ans et demi de moins que moi. Quand nous causions, les mots avaient un sens ; ils créaient entre nous une connivence qui nous isolait des adultes ; ensemble, nous avions un jardin secret[16]. »

« En tant qu'aînée, je jouissais néanmoins de certains avantages. Reléguée à la seconde place, la plus petite se sentait superflue ; j'étais pour mes parents une expérience neuve ; ma sœur avait plus de mal à les déconcerter, à les étonner. On ne me comparaît à personne ; sans cesse on la comparait à moi. »
Mais finalement, la jalousie ressort ; elle entend ses parents parler d'elles, son père dire à sa mère que Simone est plus réfléchie, mais que Poupette est si caressante et plus jolie. « J'en ressentis néanmoins quelque dépit. », confie-t-elle. Dans cette relation qui montre les avantages de l'aînée, mais aussi une certaine amertume en imaginant une préférence pour la seconde, les ressentis de toute la dynamique fraternelle se font jour. Simone va l'exprimer ainsi : « Si je me

16 Simone de Beauvoir, *Mémoires d'une jeune fille rangée*, Gallimard, Folio, 1972, p. 59-64.

résignais à un partage équitable, c'est que je me persuadais qu'il tournait à mon profit. »

> Marguerite Duras

Dans *L'Amant de la Chine du Nord*[17], Marguerite Duras met en scène la rivalité entre un frère et une sœur nourrie par le sentiment que le frère est le préféré de la mère. C'est en fait de son expérience personnelle qu'il s'agit dans ce roman. Dans sa biographie de Marguerite Duras, Laure Adler[18] montre le sentiment que l'auteur a toujours eu d'être mal-aimée, le frère assez vite éloigné du nid familial étant idéalisé et le préféré de sa mère.

> Antiquité grecque

Les relations fraternelles peuvent se nouer de manière intense, tragique et pathologique. Oreste et Électre séparés par décision de leur beau-père Égisthe, vont faire couple en engendrant le crime (ils tueront Égisthe et Clytemnestre). Ils ont aboli toute limite, et ils accomplissent cette malédiction qu'ils redoutaient et désiraient à la fois.

> Chateaubriand

De même, dans *René* de Chateaubriand[19], sont décrites les relations troubles, quasi-incestueuses, de René et de sa sœur Lucile. René, le héros, découvre la passion qu'Amélie, sa sœur aînée, éprouve pour lui au moment où elle prononce

17 Marguerite Duras, *L'Amant de la Chine du Nord*, Gallimard, 1991.
18 Laure Adler, *Marguerite Duras*, Gallimard, 1998.
19 René de Chateaubriand, *René*, Pocket, 1999.

ses vœux définitifs pour le couvent : « Dieu de miséricorde, fais que je ne relève jamais de cette couche funèbre, et comble de tes biens un frère qui n'a pas partagé cette criminelle passion. » René n'avait pas senti que la tendre complicité qui l'unissait à sa sœur se transformait en une passion secrète. Lucile, la moins aimée de ses parents, était la « laissée pour compte ». L'autobiographie de Chateaubriand souligne la même carence parentale et montre que le rapprochement fraternel fut une réponse à cela et à la dépression commune de leur adolescence.

Les relations incestueuses se rencontrent souvent quand le système familial est dysfonctionnel : différence des rôles mal perçue, confusion des générations, et bien souvent carence affective et deuils pendant l'enfance. À l'adolescence, le lien fraternel se renforce en marquant l'absence de loi et montre l'incapacité à se séparer qui traduit un trouble grave de l'individuation dans la petite enfance.

L'identification fraternelle

Liens d'amour, liens de haine, désir érotique, désir de mort, ces ressentis sont souvent très proches dans le cœur des fratries. La reconnaissance de tous ces sentiments mêlés n'est pas aisée à formuler, même si la littérature nous en donne de nombreuses illustrations.
Des éthologistes se sont penchés sur ces questions ; les

travaux de Harry Harlow[20] ont montré l'atténuation des effets néfastes de la privation de soins maternels par la présence de pairs chez les singes rhésus. John Bowlby et James Robertson ont signalé également des modalités d'attachement différencié selon les liens entre frères et sœurs. Lorsqu'il y a une certaine carence – mais il ne faut pas qu'elle soit trop importante – les frères et sœurs peuvent s'étayer mutuellement et suppléer partiellement le manque parental. On peut alors parler d'identification fraternelle, qui fait appel plus tard à la complicité au sein de la fraternité.

* Freud et les siens

Si Freud n'a parlé du « complexe fraternel » qu'en faisant référence à l'arrivée d'un nouvel enfant, c'est sans doute son histoire familiale particulière qui en est la cause.

La position de Freud variera tout au long de ses écrits, au fur et à mesure que ses souvenirs d'enfance reviendront au cours de son auto-analyse. On a pu le remarquer notamment dans ses lettres à Fliess[21]. À sa naissance, en 1856, Freud se voyait déjà nanti de deux demi-frères issus d'un précédent mariage de son père Jacob. L'aîné des deux était

20 H.F. Harlow, « L'attachement », *Les Affectivités*, Delachaux et Niestlé, 1974.

21 Lettres très fréquentes à son ami Fliess, médecin, oto-rhino-laryngologiste, qui lui servait de miroir dans sa prise de conscience de sa psyché et de ses conflits infantiles.

alors âgé de vingt-cinq ans ; il était père d'un garçon de deux ans, par conséquent plus vieux que son oncle. Le second demi-frère, Philippe, avait vingt ans, c'est-à-dire l'âge d'Amélia, la mère de Freud. Le père de Sigmud, quadragénaire actif, va placer son fils au rang d'aîné d'une famille qui ne cessera de s'accroître.

Dix-huit mois après la naissance de Sigmund, naît un autre garçon, Julius, qui va mourir à l'âge de huit mois. Quarante ans après, Freud écrit à son ami Fliess : « Tout me porte à croire que la naissance d'un frère d'un an plus jeune avait suscité en moi de méchants souhaits et une véritable jalousie enfantine, et que sa mort, quelques mois plus tard, avait laissé en moi le germe d'un remords[22]. »

L'impact de la mort d'un enfant est toujours considérable quand il survient dans une fratrie.

Freud écrira plus tard : « Je sais aussi que le complice de mes méfaits fut un de mes neveux, mon aîné d'un an (alors qu'il en avait deux). Ce neveu et ce frère cadet ont déterminé le caractère névrotique, mais aussi l'intensité de toutes mes amitiés[23]. » Freud, en effet, s'est toujours senti coupable d'avoir souhaité la mort de ce petit frère qui s'est effectivement produite. De plus, son neveu plus âgé que lui est pour lui objet de rivalité.

22 Sigmund Freud, *La Naissance de la psychanalyse*, PUF, 2002.
23 Sigmund Freud, *op. cit.*

Dans les années 1860, le départ de ses deux demi-frères pour l'Angleterre confirme Freud comme l'aîné indiscutable et indiscuté. Lorsque Sigmund a deux ans et demi, en période préœdipienne, naît sa sœur Anna. De cette sœur, les biographes de Freud s'accordent à écrire qu'il ne l'a jamais aimée, mais lui n'en parlera pas. Il appellera sa première fille Anna, du nom de sa sœur… Les reins et les cœurs sont insondables ! La famille continue de s'accroître. Rosa, Maria, Adolphine et Paula… Il a dix ans quand naît le petit dernier, Alexander, dont il a choisi le prénom.

Dès lors, sur les huit enfants venus au monde au cours de cette décennie, sept se trouvent encore vivants, entassés dans le petit appartement familial où seul Sigmund – c'est Anna, sa sœur, qui nous en informe – jouit d'une chambre personnelle et d'une lampe à pétrole pour pouvoir se consacrer à ses études. Ce sont des monopoles qui ne s'oublient pas, se pardonnent difficilement et tissent souvent d'amertume la chronique des fratries.

Anna Freud Bermann se le rappellera, et le fera savoir en 1940, près de quatre-vingts ans plus tard dans un texte consacré à la mémoire de cet aîné prestigieux : « Il avait un contrôle rigoureux de mes lectures. À dix-huit ans, il estimait que je ne devais pas lire Balzac ou Dumas : « Anna, il est encore trop tôt pour lire ce livre. » Bien sûr, je les lis quand même, cachant les livres interdits parmi les lingeries. En dépit de sa jeunesse, les paroles et les désirs de Sigmund étaient respectés par tous dans la famille, et en premier lieu par ma mère. […] Quand j'avais huit ans, ma mère musicienne voulut me faire étudier le piano. Bien que la chambre de Sigmund ne fût pas proche du piano, le son le dérangeait – il avait à peine onze ans. Il fit appel à ma mère pour qu'il soit enlevé, si elle ne voulait pas qu'il quitte la maison. Le piano disparut, et avec lui la possibilité pour ses sœurs de devenir musiciennes[24]. »

Pour Freud, le favoritisme de la mère semble une des conditions requises pour devenir héros. Le rang dans la fratrie importe peu, le rapport affectif avec les parents est primordial : « Quand on a été, sans contredit, l'enfant de prédilection de sa mère, on garde pour la vie ce sentiment conquérant, cette assurance du succès qui en réalité reste rarement sans l'amener[25]. »

> **Est-ce toute l'explication de la réussite de Freud et de la découverte de la psychanalyse dont nous bénéficions ? Cette biographie de Freud peut nous éclairer sur certaines facettes de la relation fraternelle que nous pouvons connaître. Quels sentiments d'envie ont pu susciter les extraordinaires passe-droits dont il semblait être gratifié ? Comment peuvent vivre certains enfants, quand l'un d'eux est élu et particulièrement brillant ?**

24 Anna Freud Bermann, « *My brother Sigmund Freud* », The American Mercury 51 n° 202, p. 335-342.

25 Sigmund Freud, *La Naissance de la psychanalyse*, PUF, 2002.

A *contrario*, on peut se demander comment se vit l'arrivée d'un enfant à un mauvais moment de l'histoire du couple ou avec une petite disgrâce qui inquiète le père ou la mère, et qui restera le « canard boiteux » tout le restant de son existence.

* Le canard boiteux

Ce sera l'histoire de Jeanne, venue au monde avec une tache de vin et un faible poids. Cette enfant, la troisième de la famille, était très désirée, d'autant qu'elle était la première fille après deux garçons. Cette disgrâce, qui n'a pu être réparée qu'après plusieurs années, a été une blessure narcissique pour la mère, mais aussi pour le père, tous deux éprouvant des sentiments ambivalents, avec la déception au premier chef. De plus, le faible poids de la fillette avait déclenché chez la mère de l'anxiété, et personne, dira-t-elle plus tard, ne s'est extasié devant sa fille à la naissance. « Je l'ai complètement ratée ; peut-être ne savais-je pas faire des filles », avouera-t-elle à sa thérapeute bien des années après.

Les garçons, sept et cinq ans, apparemment contents de l'arrivée de cette sœur, participent à leur manière à cette déception. Ils disent à l'école : « Elle est tombée dans du vin, alors elle restera petite. » On voit déjà l'ambivalence de ces garçons, qui pensent en effet, que restant petite, elle ne leur fera pas d'ombre.

Jeanne est allée en classe ; dès le CP, elle a présenté quelques difficultés scolaires. Un examen psychologique a pu montrer qu'elle avait un niveau intellectuel tout à fait normal, mais qu'elle ne voulait pas grandir. Restait-elle à la place assignée à la naissance ? Jeanne a grandi sous ce double regard parental et fraternel. Elle s'est davantage plainte du regard fraternel, car ses parents, malgré leur déception, lui ont prodigué affection et tendresse.

Dans une famille de niveau socioculturel élevé, elle n'a pas pu faire d'études aussi brillantes que ses frères ; cependant, elle s'est occupée d'enfants comme auxiliaire de puériculture. Voulait-elle se réparer en soignant les enfants ? Elle n'a pas pu accéder à la maternité, et reste la soubrette de ses frères, leur rendant service à l'occasion.

> Voilà un destin qui aurait pu être autre ; les handicaps à la naissance étaient très mineurs mais expliquent comment Jeanne n'a pas pu sortir de ce statut de « canard boiteux ». Sans doute un travail personnel pour elle dans l'enfance et peut-être pour toute la famille en thérapie aurait-il pu faire changer le cours des choses…

Relations fraternelles difficiles

* Solidarité et fratrie

La solidarité entre frères et sœurs est non seulement un devoir, mais une constante dans la vie. L'un sans l'autre, c'est impossible.

Récemment, un champion de ski s'expliquait sur sa réussite, disant qu'il n'aurait pas pu y arriver s'il n'avait été soutenu par un frère plus jeune, lui-même souffrant d'un handicap moteur. Chez les Goitschel, quand Christine remportait le slalom spécial, Marielle était juste derrière, et quand Marielle arrivait en tête du géant, sa seconde n'était autre que Christine.
Auguste et Louis Lumière inventèrent ensemble le cinéma. Les sœurs Labecque jouent du piano de concert. Les frères Goncourt, Edmond et Jules, écrivirent et créèrent ensemble un prix pour écrivains. Les frères Montgolfier… On pourrait sans doute multiplier les exemples, mais également les contre-exemples où deux frères proches, dont jalousie et passion égrènent toute l'existence, comme les frères Hugo…

* Quand l'écart d'âge est faible

L'arrivée de deux enfants à très peu d'intervalle peut créer des situations insolites. Le faible écart d'âge a tendance à lier plus fortement les frères et sœurs, surtout s'ils sont du même sexe. Généralement, on décrit la jalousie du cadet et la quête perpétuelle pour rivaliser avec l'aîné, mais la vie peut en décider autrement et rendre positives les relations.

* Rien n'est jamais joué

Adèle et Aurore n'ont que quinze mois d'écart. Adèle est née prématurément, de faible poids. Bien qu'elle ait rattrapé sa courbe de croissance à six mois, l'arrivée d'Aurore quinze mois après a été un étonnement pour la famille. Elle pesait quatre kilos ; les parents ont été surpris ; elle n'était pas désirée, mais elle fut bienvenue… Très vite, elle a grandi de manière beaucoup plus facile que sa sœur. Elle l'a dépassée en taille. À l'école, ses réussites ont été plus évidentes. À l'arrivée de deux autres frère et sœur, Aurore s'est sentie l'aînée. Elle était plus grande par sa taille, et aussi par son comportement et le regard de ses parents sur elle. Elle a toujours eu des vêtements neufs, sa sœur aînée les avait d'occasion, c'est-à-dire mis par sa sœur cadette. Elles ont grandi ; des liens très forts se sont installés entre elles. Aurore avait le sentiment étant enfant qu'une sollicitude parentale était plus importante pour sa sœur, mais était-ce une réalité ou la dénégation d'une certaine jalousie ? Elle l'a vécu comme une nécessité pour sa sœur qui avait du mal à grandir, alors qu'elle-même, plus autonome dans la vie, avait l'avantage d'être plus indépendante. Les parents, dans une attitude responsable et bienveillante, ont toujours essayé de différencier leurs deux filles en donnant à chacune une chance de réussir dans un domaine spécifique. Leur parcours d'enfance, la domination de la deuxième sur l'aînée en taille et responsabilité, n'ont pas empêché l'épanouissement de chacune.

Tout ne se joue pas avant six ans

Il faut bien se garder d'imaginer le devenir des fratries à partir de quelques éléments bibliographiques. Tout ne se passe pas avant six ans, et certes beaucoup de paramètres de l'environnement entrent en jeu pouvant modifier les données initiales, ne serait-ce que la relation qui s'installe entre frères et sœurs, indépendamment des parents.

Quand la famille compte trois enfants ou davantage, le mélange d'affection et de rivalité se multiplie et s'atténue à la fois. Les possibilités de disputes comme d'alliances sont nombreuses. Beaucoup de fratries de deux disent combien ils ont regretté d'être ainsi en tête-à-tête, et de ne pas pouvoir diffracter leur agressivité. À deux contre un, le plus jeune ou le plus faible peut se sentir rassuré face à l'aîné, mais il ne faut pas que le « deux contre un » soit toujours dans le même sens. Les alliances peuvent être mobiles au gré des circonstances. Les responsabilités envers les cadets se distribuent équitablement et les tâches se répartissent en fonction des âges et des capacités de chacun, à condition que les familles ne soient pas trop nombreuses. Il faut, bien sûr, partager le temps disponible et l'affection des parents, mais en échange la compagnie permanente d'autres enfants permet d'échapper à la pression parentale.

* Comportements types

Ces destins fraternels, ces relations parfois difficiles au sein des fratries semblent se rejoindre selon trois tendances psychologiques principales :

- **Un comportement agressif** fondé sur l'envie perpétuelle, la jalousie, et la conflictualité permanente. Nous en voyons beaucoup dans nos consultations. Il est important d'en décrypter l'origine, d'aider l'enfant et les parents à refaire le chemin de cette « jalousie » initiale pour pouvoir en déjouer les pièges, et ouvrir d'autres voies par la négociation.

- **Une tendance dépressive** fondée sur l'auto-agressivité et le sentiment ou le fantasme d'être le laissé-pour-compte par les parents d'abord, mais souvent au sein de la fratrie. Cela emprunte toutes sortes de chemins détournés pour se manifester : troubles du sommeil, manifestations psychosomatiques.

C'est ainsi que Chloé, petite fille de cinq ans, vient en consultation parce qu'elle a un eczéma rebelle à toutes les thérapeutiques. Les parents disent que c'est une petite fille gentille, pas du tout jalouse de son petit frère de deux ans, qui lui, est difficile et prend beaucoup de place. On est frappé par l'insistance des parents à dire que Chloé n'est pas jalouse ; ils ont tout fait pour qu'il en soit ainsi, ne supportant pas la jalousie, et donnent aux deux enfants la même chose quand ils font des cadeaux, ce qui étonne parce que Chloé a cinq ans et son frère deux.

Après plusieurs consultations, on a pu apercevoir où se situait la jalousie, l'agressivité de Chloé au regard de son frère. Comme dans la famille cela ne pouvait pas s'exprimer, en raison de la propre histoire de jalousie des parents, Chloé somatisait. Cette irritation de la peau correspondait à l'irritation de la présence du frère, qui prenait beaucoup d'espace dans la famille : elle se grattait pour s'empêcher de le griffer… Ce n'est qu'après plusieurs consultations avec les parents rencontrés seuls, et la fillette également, que s'est éclairé la mise en place de ces mécanismes.

> **Dans cet axe dépressif, on retrouve souvent les « canards boiteux » des familles, qui vont manquer d'estime de soi et dont le narcissisme est défaillant.**

- On rencontre aussi un **comportement régressif** fondé sur la nostalgie d'un autrefois, réel ou imaginaire, plus ou moins idéalisé. *Si j'étais seul, si j'étais encore dans le ventre maternel…* La régression vise alors un retour symbolique à cet avant qui fait figure de paradis perdu, et cela peut se retrouver dans toutes les positions dans la fratrie. Si la régression classique, bien connue au moment de la naissance d'un puîné, est bien tolérée, il ne faut pas qu'elle s'éternise et soit le seul mode relationnel que l'enfant utilise partout où il se trouve.

Certains enfants l'ont bien compris, telle cette fillette de quatre ans, allongée sur le tapis en train de boire un biberon, en regardant son petit frère téter sa mère, qui s'interrompt brusquement et dit : « Tu sais, maman, il ne faut pas dire à l'école que je prends mon biberon, parce qu'ici je suis petite, mais à l'école, je suis grande. »

Il arrive parfois qu'un aîné puisse arrêter son développement pour se coller à un plus jeune sur un mode pathologique. L'aspect régressif peut paraître quelquefois compensé par les capacités de maternage que peut développer un grand par rapport à un plus petit.
Cette parentalisation peut être amplifiée exagérément par les parents. Elle séduit souvent l'enfant par le rôle qu'on lui

propose, mais le coupe de son enfance. Elle le projette dans des sentiments de responsabilité et de maîtrise qui l'empêchent de vivre sa vie d'enfant. Dans certaines familles, l'enfant est ainsi « adultisé » trop tôt.

Comment éviter ces difficultés dans les fratries ?

- **Si on n'est jamais le même parent à l'arrivée de chaque enfant, il est certain que la place de chacun dans le monde fantasmatique des parents est absolument singulière et spécifique, d'où la possibilité de différentes interactions profondes de la part des parents avec chaque enfant, ceci même à l'égard de jumeaux monozygotes, et il est heureux qu'il en soit ainsi.**

- **Chaque enfant donne à ses parents l'occasion de réfléchir à sa propre fratrie et ce retour permet de mieux comprendre ce qui se passe et d'en déjouer les pièges.**

- **La fratrie est un groupe qui se construit avec les parents, mais aussi à côté d'eux. Elle permet la constitution d'un espace singulier où s'expriment les joies et les heurts de la socialisation. Les relations tissées sont d'une grande complexité car les affects qu'elles déclenchent sont intenses. Attraction, rejet et indifférence parfois, ponctuent la vie de toutes les fratries. Des mécanismes d'ajustement obéissent souvent à des codes à l'intérieur des fratries qui sont inconnus des parents, mais qui soudent le groupe fraternel.**

• Certaines règles implicites, ambiguës et contradictoires, prônées aussi bien par les parents que par les enfants, peuvent s'énoncer ainsi :
– soyez proches, mais suffisamment distants pour rester séparés et individualisés ;
– admirez l'autre, sans vous laisser écraser par lui ;
– sachez vous défendre, sans attaquer violemment ;
– partagez sans pour autant vous laisser faire.

• Même si elles sont contradictoires, ces règles sont utiles, car elles permettent de laisser surgir la négociation par des ajustements au cours desquels les enfants apprennent à vivre en commun.

Chapitre III

AÎNÉ, CADET OU BENJAMIN : Y A-T-IL UNE PLACE PRIVILÉGIÉE ?

Le rang dans la fratrie détermine-t-il les relations fraternelles ? L'expérience montre que la position dépend essentiellement du sentiment que chacun a, de la place qu'il occupe dans le cœur parental et du vécu que les autres membres de la fratrie ont de cette situation.

À chaque place ses avantages et ses inconvénients

Une pomme de discorde caractérisée, entre Freud et Adler, premiers frères en psychanalyse, est effectivement la question des frères et sœurs.
Adler a fait du rang de naissance un agent explicatif quasiment exclusif des différences psychologiques entre individus. En son nom, au début du XXe siècle, les relations fraternelles se sont trouvés désinsérées de la réalité psychologique, pour apparaître comme purement sociales.
Le rang de naissance constituait un repère de préséance, clé de voûte de la transmission inégalitaire du patrimoine. Cette pratique traditionnelle, qui a perduré jusqu'au milieu du XIXe siècle, a été marquée par des conflits qu'elle générait, associant fraternité et rivalité, et reposant sur cette inégalité. Cela continuera longtemps après que ces pratiques auront disparu.

Adler est né en 1870. Deuxième d'une fratrie de sept, il se sent aimé de son père et rejeté par sa mère à laquelle il s'oppose. Il rencontre Freud en 1902 et participe aux travaux de la *Société psychanalytique de Vienne* en 1912. Mais vite, il s'en sépare. Adler insiste sur l'importance des relations à l'intérieur du groupe famille. La mère, dont l'influence est la plus puissante, montre le sentiment communautaire ; le père enseigne confiance en soi et courage. Chacun des enfants naît et se développe avec une perspective qui dépend de sa position par rapport à ses frères et sœurs. Adler consacre tout un chapitre aux relations fraternelles en décrivant les traits de caractère liés à la position ordinale. « Le frère aîné à qui l'investissement permanent donne un sentiment d'estime de soi, et qui le conduira à être de tendance conservatrice ; le cadet toujours aiguillonné par le fait qu'un autre le devance, et qui cherche à se faire valoir. Le dernier-né, qui se comporte comme s'il avait été humilié, et porte en lui un sentiment d'infériorité, qu'il peut compenser en cherchant à surpasser les autres[26]. »

> **Ses racines familiales sont sans doute une de ses sources d'inspiration, et on peut penser que dans la rivalité avec Freud, il revivait un sentiment fraternel issu de sa place dans sa propre fratrie.**

Des études anglo-saxonnes sur le rang de naissance (« birth-order ») se sont multipliées dans les années 1970. Le caractère purement empirique de ces études, faites de questionnaires succincts, donne des résultats assez parcellaires et contradictoires, le rang dans la fratrie étant une variable pertinente, lorsque la primogéniture constitue un indicateur de préséance sociale. En réalité, on peut voir que cela ne se passe pas ainsi : l'acquis, c'est-à-dire l'expérience quotidienne, pèse d'un poids beaucoup plus lourd que le biologique.

26 Alfred Adler, *L'Éducation des enfants*, Payot, 2000.

Y a-t-il une position privilégiée qui s'installe au fil du temps ?

On ne peut pas nier les traits de caractère, la situation vécue au cours de l'enfance dans sa famille, les habitudes prises qui vont se retrouver plus tard dans les relations sociales et professionnelles. Tel aîné va se positionner dans une attitude autoritaire et de responsabilité dans tout ce qu'il entreprendra. C'est souvent plus vrai d'une fille aînée à qui on a souvent dévolu un rôle parental de « petite mère », comme parfois on les appelle. Tel dernier, habitué à être gâté, prendra moins d'initiatives et aimera se faire servir.

Il est souvent amusant, dans des rencontres professionnelles ou amicales, de déduire la position dans la fratrie de telle ou telle personne, dans la façon qu'elle a de se comporter dans une réunion à plusieurs. Ainsi, dans les groupes thérapeutiques, on constate comment les différents participants actualisent les relations significatives de leur enfance.

Bernard Brusset, psychanalyste, a montré[27] que la situation analytique de groupe favorise les transferts fraternels. Il décrit un groupe thérapeutique de huit patients avec un couple de thérapeutes, renvoyant inévitablement à une situation familiale. Les variations sur un thème fraternel sont banales, mais ce qui est intéressant, c'est ce qui a été spé-

27 Bernard Brusset, « Transfert fraternel et groupe », *Frères et sœurs*, ESF, 1981.

cifique pour chacun, à savoir que se sont retrouvées réactivées, remémorées, reconstruites, des situations antérieurement vécues entre frères et sœurs.

Dans le groupe fraternel thérapeutique, les différenciations se jouent dans l'actuel de la séance. À chaque fois, ils se rencontrent pour un temps déterminé, et cette répétition les oblige à se manifester de manière caricaturale dans les positions initiales de l'enfance. Tel participant prendra un patient comme « sa cible de frère aîné », telle autre ne pourra que jouer la « soubrette » qu'elle a été dans son enfance. Quant à la troisième, dans une attitude protectrice, et cherchant l'alliance avec les thérapeutes, elle assume une image maternelle de substitution, telle qu'elle a pu l'être dans son enfance auprès des deux jeunes frères délaissés par une mère malade.

Position dans la fratrie, avantages et désavantages, tel est le lot de chacun. Cependant l'expérience montre que la place déterminée en partie par ses expériences infantiles fera le lit des relations futures.

* L'aîné

Jadis, le premier-né était privilégié. Il portait le nom, reprenait les traditions, et héritait du patrimoine. De nos jours, cela a disparu, mais il en reste quelque chose dans l'inconscient collectif.

> L'aîné est celui qui fonde la famille

Avant son arrivée, les adultes forment un couple, et c'est l'arrivée du premier enfant qui crée la famille. Même si nous sommes à chaque nouvelle naissance un nouveau parent, c'est le premier-né qui nous constitue ainsi, ce qui entraîne émerveillement, déstabilisation parfois, mais toujours remaniement personnel.

À la naissance du premier, c'est d'abord aux parents de se séparer de l'enfant que jusque-là ils étaient, fils ou fille de leurs propres parents, pour endosser les nouveaux atours de père et mère de cet enfant qui vient de leur échoir. Cela va provoquer une véritable crise identitaire et narcissique du couple et de chacun des partenaires. Une mère écrit à propos de la venue de sa première fille :

« Au début, cela a été terrible. Marc et moi, nous avions l'impression de ne plus exister. Il n'y en avait que pour Jane. Jane par-ci, Jane par-là, la jolie Jane… Elle était la première petite fille de nos deux familles… Il y a des moments où je commençais à être jalouse, un peu comme une rivale. J'en voulais à ma mère de ne plus s'intéresser à moi comme avant. Je devais tout le temps m'occuper de Jane ; je ne m'occupais plus de moi. Tout a changé dans la vie, le grand chambardement. Même avec Marc, ce n'était plus pareil ; il était moins câlin et aussi moins disponible. Marc, de son côté, ne trouvait plus sa place ; il ne servait plus à grand-chose. Il nous a fallu un certain temps pour prendre notre vitesse de croisière. Trois ans après, l'arrivée d'Adèle fut plus sereine ; j'avais appris à être mère ! »

C'est dans ce premier enfant que chaque parent projette massivement ses désirs, ses craintes, ses positions œdipiennes. Le premier, nous le faisons symboliquement pour notre mère, et il n'est pas rare, notamment dans certaines tribus africaines, que l'aîné soit confié aux grands-parents…

En même temps, les performances de l'aîné sont louées et reconnues par toute la famille, grands-parents, parentèle plus éloignée. Les parents se souviennent de tout pour le premier enfant : quand il a eu sa première dent, fait son premier sourire ; bien peu peuvent répondre à ces mêmes questions pour le deuxième, voire le troisième enfant. Il est banal, lorsqu'on ouvre l'album de photos familiales, de trouver le numéro un avec toutes ses performances pendant les deux premières années ; l'arrivée d'un puîné diminue le nombre de photos, et surtout le deuxième, voire le troisième, ne sera pas filmé ou photographié à toutes les époques de sa petite enfance. On est à l'affût de tous les progrès de l'aîné, de toutes ses découvertes. Ensuite, on est moins émerveillé par les performances des suivants. Mais tout cela est différent s'il y a changement de sexe dans la fratrie, et selon l'attente des parents.

Ce sont des bénéfices narcissiques indéniables pour les aînés, qui en parlent souvent plus tard. Cependant, ils sont aussi aux prises avec des injonctions paradoxales : « Sois autonome, donne l'exemple ! », « Occupe-toi du petit ! », c'est-à-dire qu'on lui demande à la fois de faire sa vie seul et d'être lié à sa fratrie.

> L'aîné est une référence pour les frères et sœurs

De plus, l'apparition intempestive d'un second enfant dans la famille a un effet bénéfique. Si l'événement nouveau déstabilise son confort, « l'enfant premier se voit poussé au savoir[28] ». Cette agressivité naissante le porte à l'intelligence. La présence des parents est en effet une réalité qu'il connaît depuis sa naissance ; il n'a pas à faire d'investigation, alors qu'il en est autrement pour ce nouvel événement. Le frère est cet étranger qui apparaît tout à coup, revendique sa place et avec qui désormais il faudra compter. La « pulsion de savoir » entre en action sur sa provenance, son origine, et donc les différentes énigmes. Le frère – ou la sœur – sera désormais toujours « sur ses talons » et susceptible de « marcher sur les pieds », ce qui lui permettra d'avancer…

L'aîné est une référence qui donne aux autres l'envie de grandir. Cependant, à chaque naissance, il revit les modes de relation qu'il a dû abandonner au fil des années, et se trouve ainsi plongé dans la nostalgie du passé. Valorisation et frustration seront donc à négocier au quotidien.

> Tous les aînés ne se ressemblent pas

La position d'aîné ou d'aînée est souvent très différente. Celle d'un garçon qui montre la voie, qui réalise les vœux parentaux, est souvent plus convoitée par le reste de la fratrie, que celle de la fille aînée. Ce rôle de « petite mère »

---

28 Paul-Laurent Assoun, *Leçons psychanalytiques sur frères et sœurs*, tome I, *Le lien inconscient*, Éditions Anthropos, 1998.

est vécu plus comme une servitude que comme un avantage. Elle se retrouve beaucoup plus souvent dans les fratries nombreuses.

Être aîné de trois ou de cinq n'est pas la même chose ; le vécu en est très différent, même si on retrouve dans les deux situations des traits de caractère semblables.
Cette place d'aîné, de préféré qu'on a pu conquérir, n'est pas simple, ni de tout repos. L'aîné peut souffrir de l'intensité des sentiments d'admiration de ses parents ou de l'animosité que lui vouent les plus jeunes… On dit souvent que l'aîné épouse la névrose parentale.

* Le cadet

La place du cadet, du deuxième, sera très différente si la fratrie se maintient à deux ou si un troisième enfant vient compléter la famille.

À l'heure actuelle, les fratries de deux sont les plus nombreuses, et le cadet est en même temps le dernier enfant avec ses avantages et ses inconvénients. Lorsqu'il y a une différence d'âge assez minime, et que par ailleurs les sexes sont semblables, il y a souvent dans les premiers temps une rivalité importante parce qu'un enfant de quinze mois a des besoins affectifs de contenance, de câlins, de portage, et l'arrivée d'un puîné va le mettre immanquablement dans une situation de sevrage affectif. Mais il y aura aussi des avantages pour le second qui, dans une situation de mimétisme, d'imitation et de regard spéculaire de l'autre, va pouvoir se construire. Pour l'aîné, « s'il est âgé de moins de deux ans lors de la naissance d'un puîné, l'expérience de l'intrusion qu'il vit pourra avoir un effet structurant en facilitant la différence « moi-autrui ». De même, le plus jeune apprendra plus tôt cette différence[29]. »

Entre deux enfants, lorsque l'écart d'âge est inférieur à deux ans, il s'établit souvent une authentique relation de compagnonnage, et même de dépendance mutuelle, surtout si les enfants restent seuls dans la fratrie. Ce compagnonnage, cette dépendance et cette complicité peuvent se retourner en son contraire, et deux frères ou sœurs proches par l'âge, surtout s'ils sont du même sexe, peuvent être à couteaux tirés toute leur existence.

* Le benjamin

Le benjamin est dit le plus gâté par sa fratrie. Il arrive dans une famille déjà constituée. Sa naissance est attendue ou pas, sinon désirée, du moins bienvenue. Elle peut être un accident, les parents vieillissant, et la mère, pensant en avoir fini avec les couches et les servitudes de la petite enfance, va-t-elle accepter de recommencer ? L'âge de la parenté induit des interactions variables suivant les cas. Les parents jeunes sont moins inquiets, plus disponibles ; les parents plus âgés sont plus anxieux, mais souvent plus mûrs. Il n'est pas rare d'entendre des couples se dire plus sereins et plus assurés pour leur troisième enfant que pour le premier.

29 Jean-Pierre Almodavar, « Les expériences fraternelles, un champ conceptuel à investir », *Générations*, n° 8, 1996.

S'il y a une grande différence d'âge, il aura plusieurs images identificatoires parentales, et, souvent, il existe un lien privilégié entre le dernier et son aîné. Cela sera parfois un avantage dans la relation œdipienne, au lieu de se confronter directement avec les parents, dans le jeu de l'amour et de la haine. Un aîné pourra être médiateur, car moins directement concurrentiel si l'écart d'âge est important.

> Quoi qu'il en soit, être le dernier, c'est généralement faire les grandes choses, c'est être le héros. C'est vers lui que convergent tous les regards. Il est le consensus entre tous, et fait généralement l'unanimité. Mais il a pour mission de satisfaire tout le monde, et cette place est souvent difficile à tenir.

C'est ainsi qu'Anne, dernière enfant de quatre, parle en psychothérapie, à quarante ans, de sa position de dernière :
« - culpabilisante par rapport à l'amour reçu, et les satisfactions, que l'on essaie de rendre à ses parents, qui ne sont pas en adéquation ;
– pesante, car l'envol de soi-même n'est jamais possible. Pression par devoir de correspondre à un moule. Donc on ne sait plus vraiment qui on est réellement, ce que l'on pense, ce que l'on doit faire ;
– la place privilégiée au niveau parental et au niveau des frères et sœurs est certes confortable, mais trop, c'est trop ;
– cette pression, aussi bien de la part des parents que des frères et sœurs, est un handicap dans le développement de ma personnalité, qui me poursuit encore ;

– sentiment intérieur d'avoir volé à mes frères et sœurs leur part d'amour des parents ;
– enfin, ras le bol d'être le centre de l'entente de tout le monde, de devoir l'être en tout. Difficultés encore aujourd'hui à vivre cette position, pas de rancœur, juste un regret d'être comme je suis, car trop de pressions vécues handicapent sérieusement ma vie. »
Cette jeune femme a trois enfants ; elle ajoute : « J'en tire quelques leçons quant à l'éducation que je veux donner à mes enfants : pas mieux faire, pas la prétention de mieux faire, mais faire différemment, essayer… »

Malgré cette place de choix, revendiquée et jalousée par ailleurs, les derniers se plaignent souvent d'être traités en petit toute leur existence, sauf en vieillissant. Si le dernier est destiné à rester petit, c'est à lui de prouver le contraire, ce qui est souvent un « moteur » dans la vie.

Dans *Les Trois sœurs* de Tchekov, Irma, la plus jeune, fait remarquer à son aînée Olga : « Tu as l'habitude de me considérer comme une petite fille ; c'est pourquoi tu es étonnée quand tu me vois avec un visage sérieux. J'ai vingt ans, tu l'oublies ! »

Chacun devra négocier avec ses ressentis contradictoires, dont l'issue dépendra de sa confiance en soi.

* La place du milieu

La place du milieu est-elle enviable ? On dit souvent que c'est la plus difficile. « J'ai toujours été moyen, disait un garçon au cours d'une séance de psychothérapie. On ne me remarquait pas : moyen à l'école, moyen en sport... Comment voulez-vous que j'existe ? Il n'y en avait que pour les filles... » Deux filles avant lui, et deux après. En réalité, il tirait son épingle du jeu, car il était seul garçon de sa fratrie. Au cours de sa thérapie, il a appris à intéresser sa mère, et surtout son père – image identificatrice plus lointaine – peu concerné par l'éducation et la paternité.

Cependant, dans certaines familles, où le poids des injonctions parentales est important, les parents sont moins pressants avec l'enfant du milieu. Il y a aussi des jeux d'alliance qui peuvent se modifier selon les circonstances, avec les grands quand cela est bien, avec les petits quand cela est avantageux.

Un garçon du milieu explique : « Ma place centrale était très agréable ; elle me donnait l'impression d'une sorte de 'cocon' entouré des aînés (sentiment de protection) et des plus jeunes, compagnons de jeux. »

On pourrait penser que c'est la meilleure place, mais elle n'est généralement pas ressentie ainsi par les protagonistes !

Le rang dans la fratrie

Le rang dans la fratrie n'est qu'un élément de la construction de l'individu dont le poids dépend de notre subjectivité ; la position qu'il va avoir dépendra de son vécu, de la solidité de son narcissisme et du regard parental.

Dans les familles de trois enfants ou plus, pour en avoir rencontré beaucoup, il m'est apparu généralement que la position du dernier est la plus avantageuse. Les parents sont moins anxieux, plus sûrs de leur capacité parentale et moins exigeants.

Quoi qu'il en soit, s'il est fréquent que les personnes ne soient pas contentes de leur place dans la fratrie, c'est aux parents qu'il est fait implicitement reproche, car c'est toujours à eux qu'on en veut…

Chapitre IV

LE VÉCU DES ENFANTS UNIQUES : CHANCE OU SOUFFRANCE ?

Il n'y a pas de psychologie déterminante de l'enfant unique, mais sûrement des situations vécues qui engagent sa vie relationnelle future. Il ne s'agit pas de savoir si le statut d'enfant unique est plus enviable ou moins que d'autres car, comme toute situation humaine, il comporte des avantages et des inconvénients. Ce qu'il importe de repérer, c'est le jeu ambivalent qui peut se trouver à l'œuvre, tant du côté des parents, que de celui des enfants et la tension que chacun ressent entre plaisir et déplaisir du fait de cette situation.

De plus en plus nombreux

Les enfants uniques ont toujours existé, même si c'est plus fréquent ces dernières années. La contraception, l'âge plus tardif de la maternité, la précocité des divorces, laissent parfois peu de temps d'avoir plus d'un enfant, même si souvent d'autres naissances viennent d'unions ultérieures.
Ajoutons une certaine inquiétude quant à l'avenir, des moyens nécessaires plus importants pour élever plusieurs enfants. Il existe aussi le désir de pouvoir associer carrière professionnelle et éducation d'un enfant, et enfin les limitations biologiques…

Pour ou contre

L'enfant unique attire ou inquiète, fascine ou fait l'objet de réprobation. Certains disent : « C'est épouvantable, il vaut mieux aucun enfant que d'en avoir un qui soit unique. » D'autres affirment : « Il faut avoir un seul enfant pour pouvoir bien s'en occuper et qu'il ne manque de rien. » De toute façon, on le sait, le métier de parent est difficile. Dès 1925, Freud écrivait : « Il y a bien longtemps que j'ai fait mien le mot plaisant qui veut qu'il y ait trois métiers impossibles : éduquer, soigner, gouverner… »

* L'exemple de la Chine

Avant d'essayer de comprendre ce qui se passe chez nous, envisageons ce qui existe actuellement en Chine.

Les Chinois subissent à grande échelle le régime obligatoire de l'enfant unique. On s'interroge sur les effets pour les enfants à moyen et à long terme de cette politique. Un reportage[30] a pu en montrer les risques.

Tous les écoliers vivent au même rythme. Si la consigne de l'enfant unique est respectée en ville, elle l'est moins dans certaines provinces rurales. Cependant, la primauté du garçon demeure. Mieux vaut être un mâle pour espérer voir le jour. On a un seul enfant, maximum deux si l'aînée est une fille. La proportion est de cent dix-sept garçons pour cent filles.

Maladie d'amour

Le fait d'être entouré, choyé, gâté, est-il un avantage ? L'enfant unique peut-il souffrir d'être trop aimé ? Le reportage montre une femme de trente-cinq ans, qui suit des cours organisés par le centre de planning familial, pour apprendre à élever un enfant unique. Généralement les femmes ont le premier et unique enfant après trente-cinq ans. Ces enfants, dit-on, souffrent de la « maladie des six amours », deux parents et quatre grands-parents.

30 « Envoyé spécial », *L'enfant unique en Chine*, France 2, 31 janvier 2002.

Les principales difficultés rencontrées sont l'obésité et la neurasthénie :

- **Obésité : ce cas est traité à travers le témoignage d'un enfant qui passe des mains de sa mère à celles de ses grands-parents, et à qui on ne refuse rien sur le plan alimentaire. On entend la mère critiquer la belle-mère, qui ne fait pas attention à ce que l'enfant ingurgite, alors qu'on ne la voit en rien mesurer son enfant.**
- **Neurasthénie : ces enfants abandonnent souvent la scolarité, et presque toujours l'effort. Ils ont des difficultés à s'occuper d'eux-mêmes, à se situer dans la société.**

L'éducation culturelle est très valorisée en Chine, mais on ne sait pas comment former les enfants. Des mères reconnaissent qu'elles s'occupent trop de leur enfant, et elles continuent à vouloir en faire « des petits dragons, des petits génies ».

Avec le bond en avant de la société de consommation, du moins dans quelques régions urbaines, le fossé se creuse entre les parents qui ont connu la privation et les enfants d'aujourd'hui. On nous montre un garçon dans sa chambre, ses nombreuses idoles au mur… Il dit à ceux qui l'interrogent : « Bien sûr, j'aurais aimé avoir un frère ou une sœur, mais ce n'est pas possible. […] Quand je serai grand, moi aussi, j'aurai un seul enfant, parce que la vie est de plus en plus chère, et ainsi je pourrai lui donner ce qu'il veut, pour qu'il soit utile à la société. »

Suit un reportage dans une banlieue pauvre de Pékin. Un père de famille de trente ans a un fils unique ; a peu de revenus pour élever son fils : « Tout est cher ; je ne peux élever qu'un seul enfant ; avoir un enfant, c'est l'espoir ; sans cela où serais-je ? »

Les familles pauvres envoient les garçons à l'école, mais pas les filles. À l'école, les fils uniques vivent les autres enfants comme des frères, et il y a une grande solidarité !

« Avec dix mètres carrés pour trois, un seul ça suffit, dit une mère interrogée. Si on a un second enfant, on paie une amende. » Un père ajoute : « Nous ne pouvons pas nous contenter d'une fille, elle ne portera pas notre nom ; à quoi sert l'argent ? Avec une fille, l'argent passera dans l'autre famille. »

Enfin, on voit un reportage d'une famille Liou : trois filles et un garçon, la mère a quarante-deux ans. Les filles ont dix-huit, quinze et douze ans ; le garçon en a dix. Devant la fratrie réunie, la mère s'exprime ainsi : « Si j'avais eu en premier le garçon, je n'aurais pas eu d'autres enfants. Alors j'ai payé une amende, même trois, et puis on m'a ligaturé les trompes ! » Elle ajoute : « Je suis quand même contente ! » On ne peut s'empêcher de penser au devenir de ses enfants, et surtout des filles dans ce contexte.
À la fin du reportage, on nous montre qu'il est fréquemment proposé aux enfants des rencontres, de gymnastique, de jeux de rôle ou de théâtre, pour leur apprendre la vie en

communauté avec leurs pairs. Nous n'y voyons d'ailleurs que des garçons, presque tous obèses.

> Que deviendra la solidarité entre les générations, quand les quatre grands-parents se feront vieux ? Qui pourra s'occuper d'eux ?

* En Europe

En Europe, les enfants uniques côtoient les fratries plus nombreuses, et c'est ce brassage, cette expérience, qui permet aux enfants de se situer dans leur famille, dans la société avec tout l'imaginaire qui en découle.

À l'heure actuelle, 20 à 25 % des enfants sont uniques. Ce n'est plus une situation exceptionnelle ; avec l'évolution des compositions des familles, ils ne côtoient presque plus, en ce début de millénaire, des fratries nombreuses. La singularité que représentait autrefois le fait d'être enfant unique s'est transformée en anormalité d'être membre d'une famille nombreuse.
Cependant, même s'ils ne sont plus l'exception et que la maîtrise des processus biologiques de la fertilité est mieux connue, cela laisse inchangés les fantasmes et l'imaginaire qui s'attachent à l'enfant unique…

Un destin pas comme les autres

La mythologie est là pour nous montrer combien les enfants uniques sont à la fois exceptionnels et ont un destin funeste… Œdipe est l'enfant unique de ses parents géniteurs, Laïos et Jocaste, mais il est aussi l'enfant unique de ses parents adoptifs Polybe et Mérobe, statut doublement identique, qui pose la fécondité du couple. Être enfant unique est donc le symbole d'un destin particulièrement violent. De là à faire peser sur les épaules de l'enfant unique des maux potentiels, il n'y a qu'un pas !

* Idées reçues

> « C'est moins contraignant d'élever un enfant que plusieurs. »
Certainement pas, car l'enfant unique est celui qui nous rend parent, avec la pression qui s'exerce, le surinvestissement possible et la crainte qui en découle de faire des erreurs.

> « Il est plus simple d'élever un seul enfant que plusieurs. On peut s'épargner des conflits. »
Certes, on échappe à la rivalité fraternelle, mais on est contraint au tête-à-tête avec son enfant. Cela explique souvent la complexité des relations et les difficultés générées par la séparation et l'accession à l'autonomie, notamment à l'adolescence. Il faudra distinguer les cas où l'enfant est unique, car tel a toujours été le souhait des parents, des cas

où ceux-ci n'ont pas pu réaliser leur désir d'avoir d'autres enfants. Dans le premier cas, la problématique n'est pas simple, et les raisons de ce choix sont conscientes et inconscientes, fonction de la vie infantile de chacun d'eux, et de la représentation d'enfant qu'ils ont eue dans leur propre fratrie. Il y a souvent des compromis difficiles dans les couples pour décider du nombre d'enfants qu'on souhaite avoir. Peut-être, lorsque la contraception n'était pas tout à fait au point, le hasard arrangeait-il certains couples…

Père, mère, enfant unique : un trio complexe

Tous les enfants pressentent à un moment donné que leurs parents ont une activité sexuelle, secrète. Ils ne savent pas comment la définir, mais ils comprennent que la conséquence de cette activité peut leur procurer un petit frère, une petite sœur. Ils voient chez leurs copains, leurs cousins, l'arrivée de ce frère. L'enfant va craindre et espérer en même temps cette éventualité. Généralement, vers quatre ou cinq ans, il le réclame à ses parents, et ceux-ci, selon leur sérénité et leur acceptation ou pas d'avoir cet enfant unique, vont l'impliquer ou non dans la réponse. On entend souvent des réponses effarantes, qui ne sont pas rares et signent le malaise des parents : « Oh ! Tu sais, avec toi, j'en ai bien assez ! », ou bien : « Tu sais, mon chéri, je t'aime trop pour en avoir un autre. »

> **L'enfant unique, comme le dernier parfois, va s'imaginer qu'il a réussi à empêcher ses parents d'avoir d'autres enfants. Cela fortifie sa mégalomanie, surtout s'il sait que ses parents n'ont pas osé « lui en faire » d'autres.**

* Les manques

Au niveau de la construction de sa personnalité et de son identité, l'enfant unique ne dispose pas d'un double auquel il peut s'identifier. Il sera lésé de ce double, avec qui il peut lutter, ce qui l'entraînera souvent à la recherche d'un autre, d'un grand ami avec qui il pourra s'identifier. C'est ainsi qu'on rencontre plus souvent une avidité sociale chez ces enfants. Puisque cet apprentissage se fait dans la fratrie, l'enfant unique va d'abord être tourné vers lui-même, c'est-à-dire son « regard dans le miroir ». « La problématique spéculaire est nettement plus marquée chez les enfants uniques que chez des enfants ayant des frères ou des sœurs[31]. »

Ainsi, une jeune fille écrit : « Quand j'ai quelque chose à dire d'important à quelqu'un, je le prépare devant mon miroir, mais souvent, ça ne se passe pas comme je l'avais prévu. » Cette désillusion peut se comprendre comme la confrontation de la dimension spéculaire à la réalité de l'autre.

31 Jean-Pierre Almodavar, « La représentation du frère chez les enfants uniques », *Le groupe familial*, 1978, n° 83.

En effet, la « non-intrusion » qui caractérise les enfants uniques ne leur donne pas accès à cette réalité, qui aide à la différenciation « moi/non-moi ».

À la question posée à une petite fille unique : « Un frère et une sœur, c'est quoi pour toi ? », elle répond : « Les autres, ils ont des frères et sœurs, moi je ne sais pas ; alors j'ai des poupées et je leur donne des noms de sœurs. »

C'est ainsi que souvent ces enfants déploient une imagination considérable dans leur capacité à jouer seul. Encore faut-il qu'ils en soient capables et, plus que les autres, ils auront besoin d'un regard parental valorisant.

Sans cela l'enfant unique risque, selon Winnicott, « de ne pas développer le sens du jeu, et de perdre les plaisirs qui appartiennent à l'inconséquence et l'impulsivité… Les enfants en effet qui jouent ensemble ont une capacité inventive, et peuvent jouer des heures sans se fatiguer[32] ».

Un enfant unique de sept ans, invité par un petit ami à jouer pour son anniversaire, répond à cette demande : « C'est bête de jouer ; je préfère des constructions. » Tournés vers lui, vers son plaisir et son intérêt, les parents devront être vigilants pour qu'il ne reste pas ainsi « dans sa bulle ».

32 Winnicott, *L'Enfant et sa famille*, Payot, 1989.

* Seul face aux parents

L'enfant unique est seul face aux instances parentales, et il n'y aura pas de médiation possible. Dans le jeu du roman familial et du conflit œdipien, l'absence de frère et sœur ne permet ni déplacement, ni diffraction, ni contournement.

Dans la mission et la dette de tout enfant à l'égard de ses parents, qui projettent sur lui tous les idéaux et les espoirs, « sa majesté le bébé », comme disait Freud, n'a plus qu'à se montrer à la hauteur de la tâche avec toute la conflictualité qui peut en découler s'il ne répond pas aux attentes parentales.

« Les enfants uniques peuvent consacrer leur vie à satisfaire les aspirations non réalisées de leurs parents[33]. » Ce souci de perfectionnisme qu'on rencontre souvent chez eux peut être à double tranchant ; ils peuvent faire des efforts draconiens et se montrer exigeants dans la réussite de tout ce qu'ils entreprennent ou parfois se dissuader d'essayer. Nous connaissons tous des enfants devenus adultes, qui pensent n'avoir pas été à la hauteur des ambitions de leurs parents et des leurs.

Quand l'enfant unique ne peut satisfaire son idéal intérieur, toujours lié au regard parental, il éprouve un sentiment d'infériorité.

33 Carl E. Pickhardt, *L'enfant unique : Atouts et pièges*, Albin Michel, 1999.

* Bénéfices indéniables

L'intimité des parents pour l'enfant unique, et réciproquement, renforce le lien qui n'est ni perturbé, ni détourné par des frères et sœurs. Il a le monopole affectif, l'amour parental, sans nécessité de partage, avec le sentiment d'avoir suffi à ses parents. On peut penser que cette situation facilite l'ambivalence dont il fait l'objet. N'y a-t-il pas au fond de chacun de nous le secret désir d'être l'unique enfant de nos parents ?

Pivot de la famille, cette place privilégiée est à la fois source de richesse et de difficultés. L'enfant unique tire une « estime de soi » souvent solide et sûre, puissamment liée à ses parents ; il faut que ce lien soit un avantage.

Grandissant dans une famille composée d'adultes, l'enfant unique apprend vite à se mettre dans une position sociale proche de celle de ses parents. S'exprimer, émettre son opinion, s'attendre à être consulté, tout cela est ressenti comme un droit de naissance. Comme on le félicite de sa maturité, généralement il répond à ces attentes. Présumant de ce statut d'égalité qu'il ressent, il arrive à vouloir appliquer à sa propre réussite les mêmes normes que celles des adultes.

> Le risque principal, semble-t-il, est de couper l'enfant unique de l'enfance. C'est le plonger trop tôt et trop exclusivement dans un monde d'adultes.

> S'il peut y gagner en maturité dans une identification précoce aux parents, s'il a dès l'enfance une place assignée et reconnue parmi eux, il peut avoir son enfance volée, et éprouver cela comme une vulnérabilité. La solitude souvent exprimée par ces enfants est pour beaucoup une souffrance.

Entre satisfactions et souffrances

Pour comprendre le vécu des enfants uniques, nous avons effectué une enquête, où certains d'entre eux ont exprimé leur ressenti et évoqué leurs souvenirs. Ils ont parlé de leurs satisfactions, mais aussi plus souvent de leurs souffrances. Ces personnes de tout âge, entre quinze et soixante-dix ans, ont vécu des situations différentes ; la réalité, comme leur imaginaire, rejoint souvent ce qui est rencontré dans nos consultations et en thérapie.

Les réponses portent essentiellement sur la pression parentale, le désir ou non d'avoir d'autres frères et sœurs, et leur insatisfaction parfois.
De même sont évoqués les problèmes du partage, de la solitude et de la projection dans l'avenir…

* Être unique, c'est être l'enfant idéal

Une jeune femme de vingt-cinq ans s'exprime ainsi : « Même si cela n'a rien d'extraordinaire, d'être le seul enfant, cela peut être très lourd à porter. Il faut être, en une seule personne, tous les enfants que nos parents voudraient que l'on soit : à la fois une fille et un garçon, intellectuel et manuel. Bref, il faut être l'enfant idéal. »

La pression parentale et la crainte de décevoir les parents se retrouvent chez la majorité des enfants uniques. Quelques personnes pensent que c'est positif, et que cela montre l'investissement massif qui revient normalement aux parents, mais elles sont peu nombreuses.

« Être toujours le meilleur », « peur de décevoir », « obligation d'être parfait en tout », « pression sur les sentiments » sont les propos qui reviennent fréquemment. Comme l'a dit un jeune père de trente ans : « J'ai toujours eu peur de décevoir mes parents, et ensuite les autres en général. »

* Être unique, c'est le choix des parents

Beaucoup pensent que c'est le choix de leurs parents, pour des raisons qu'ils ont données ou non à leur enfant : situation matérielle, temps, disponibilité... Certains insistent sur leur demande à avoir un frère ou une sœur : « Cela m'a manqué ; peut-être moins enfant qu'à l'adolescence. »

D'autres pensent que la difficulté qu'ont eue leurs parents à les élever a contribué à les laisser uniques : « J'étais tellement difficile à élever dans ma petite enfance – problèmes alimentaires et de sommeil – que ma mère n'avait pas le courage de recommencer. » Par ailleurs, cette personne se dit satisfaite de son « unicité ». Il est difficile de savoir, sans l'avoir rencontrée, si la pression qu'elle a plus ou moins exercée sur ses parents, parce qu'elle était un enfant difficile, a pesé sur son évolution future.

D'autres enfin pensent qu'ils ont été uniques parce que leurs parents avaient souffert dans leur enfance de graves rivalités dans leur fratrie. Une femme s'exprime ainsi : « Ma mère a souffert de sa position dans sa fratrie et ne voulait pas que cela se reproduise dans la famille ; il y avait des préférences ; elle s'est sentie lésée et ne voulait pas faire vivre cela à ses enfants. »

* Être unique, c'est être privilégié

D'autres, plus tranquillement, sont contents de leur sort : « Si j'avais eu des frères et sœurs, je n'aurais pas pu faire les études que je souhaitais. Être seul m'a permis de travailler mes devoirs dans le calme, ce qui n'aurait sans doute pas été le cas si j'avais eu des frères et sœurs. »

Une jeune femme de vingt-cinq ans écrit : « Contrairement à beaucoup d'enfants uniques, je ne souhaitais pas avoir d'autres frères et sœurs. Mes parents, à l'âge de cinq ans, m'en ont proposé un ; même à cet âge-là, je n'en voulais pas ; je pense qu'eux non plus, et que ce n'est pas à cause de moi qu'ils n'en ont pas eu ! » Je le pense aussi pour elle, car sinon, cela aurait renforcé sa mégalomanie infantile. Elle insiste sur le sentiment d'avoir été très gâtée par ses parents et grands-parents. Seule ombre au tableau, en contrepartie des avantages d'être fille unique, elle pense que mère et grand-mère s'angoissent trop à son sujet. Elle souhaiterait avoir un seul enfant, nombre idéal, mais son ami désire en avoir plusieurs. Elle ajoute : « Mon enfant ne sera donc pas unique, mais comme je ne me sens bien qu'à l'intérieur des petites familles, nous nous limiterons à deux. » La vie a cependant ses surprises et ne permet pas toujours de tout maîtriser !

* Être unique n'est pas toujours un choix des parents

Parmi les raisons connues ou reconnues pour être enfant unique, il y a la séparation des parents, décès du père dans la petite enfance ; certains signalent d'ailleurs qu'on leur a caché ce décès, et que ce « non-dit » a pesé sur toute leur existence. Enfin, les limitations biologiques, plusieurs fausses couches, et des enfants morts avant ou vite après la naissance. Une jeune femme semble avoir vécu comme enfant de remplacement : « Ma mère a perdu un garçon à la naissance, deux ans avant moi ; je l'ai su beaucoup plus tard, et j'ai toujours eu le sentiment, par rapport à mon père, que je devais être ce garçon qu'ils auraient voulu avoir. Je n'avais pas la possibilité de décevoir mes parents. Comme ce garçon virtuel, je devais être première en classe, à la course, au sport, etc. »

Les limitations biologiques avec des fausses couches nombreuses donnent à certains enfants le sentiment qu'ils n'ont pas été désirés, contrairement à ce que l'on pourrait imaginer : « Ma mère a fait cinq fausses couches ; quand je suis arrivée, je n'étais pas celle qu'elle avait désirée. Elle m'en parlait souvent. »

La mort d'un aîné ou d'une aînée a rendu plusieurs enfants « uniques ». Une jeune femme dit avoir perdu une sœur aînée quand elle avait quatre ans ; elle ne s'en souvient pas, mais en revanche elle a le souvenir de parents tristes. Longtemps, elle a réclamé une sœur pour la remplacer, mais sans succès. Plusieurs jeunes femmes ont le sentiment que l'absence de garçon a frustré leurs parents. Une jeune fille de dix-huit ans précise que sa mère a eu un garçon mort-né, et qu'elle a toujours regretté de n'avoir qu'une fille. Cela lui a donné l'impression de n'être pas satisfaisante pour ses parents.

* Être unique, c'est être seul

Nous avons rencontré plusieurs générations d'enfants uniques, généralement de mère en fille. Certaines parlent de séparation du couple parental, d'autres d'un choix « égoïste » de leurs parents.

Une femme de cinquante ans, fille unique de parents eux-mêmes enfants uniques dit : « J'ai été assez gâtée par la vie et par mes parents. Ce n'est que vers douze ans que j'ai pris conscience de ma condition d'enfant unique car, dans l'établissement scolaire que je fréquentais alors, il y avait des fratries nombreuses, et la fille unique était denrée rare. J'ai très vite eu une avidité sociale ; j'ai beaucoup d'amis. » Elle ajoute qu'elle a heureusement épousé un mari qui avait trois sœurs, et qu'ils ont deux filles, mais aurait désiré avoir plus d'enfants.

Cette avidité sociale, on la rencontre fréquemment chez les enfants uniques, mais il faut que le climat familial soit favorable et que l'ouverture aux autres soit déterminante pour les parents. Cependant, les circonstances, le coup de pouce, ont manqué à certains.

Une jeune femme rencontrée se plaint d'avoir été souvent seule : « Enfant, j'aurais voulu avoir des relations sociales, mais très vite, les échanges avec l'extérieur étaient difficiles. Le fait d'être élevée seule dans ma bulle ne m'a pas armée pour la vie d'adulte. Tout était trop facile ; pas de conflits, donc pas de défense. Il semble que les enfants issus de fratries sont plus forts. »

À l'adolescence, le sentiment de solitude prévaut. Un homme s'exprime ainsi : « La gestion de ma situation d'enfant unique s'est faite dans une extrême discrétion et n'a fait l'objet d'aucune exubérance en bien ou en mal, mais cette condition n'est pas idéale et a un impact important au moment de l'adolescence. L'écart se creuse avec les autres qui abordent cette période avec plus de liberté. À ce moment se constitue la relation à l'autre et, pour moi, cette étape de ma vie a été la plus douloureuse ; au-delà de l'enfant unique, j'étais l'adolescent seul. »

Un autre dit : « Chez mes cousins assez proches, il en naissait chaque année ; c'était une blessure pour moi, même si j'étais proche d'eux ; je me demandais quand cela allait venir chez nous. Je n'ai cessé d'espérer que lorsque j'ai eu quinze ans. » En outre, le tête-à-tête avec les parents est difficile, il n'y a pas d'échappatoire.

Cela confirme cette impression dans la rencontre en consultation avec des enfants uniques. Face aux instances parentales, ils sont seuls ; il n'y a pas de médiation possible avec d'autres frères ou sœurs.

Dans les situations de séparation des parents, la solitude est davantage soulignée : « J'ai eu un grand manque de communication, pour parler, avoir des secrets à garder, pour partager, notamment la souffrance d'avoir des parents séparés. »

Plusieurs enfants uniques se plaignent d'être mêlés aux conflits d'adultes : « Ma mère est ma confidente et me raconte ses malheurs avec mon père. » « Chaque parent me parle avec animosité de l'autre. Impossible d'avoir un échange sans dispute même à l'âge adulte. Incompréhension totale : chaque fois que je vais chez l'un ou chez l'autre, j'entends des récriminations ; c'est insupportable. »

> **La séparation des parents est en effet plus difficile à supporter pour un enfant seul, dans la mesure où il ne peut pas partager avec ses pairs sa douleur, sa tristesse ou sa colère. Souvent, un des parents, dans l'intimité plus grande qu'il a avec son enfant, cède à la tentation de le prendre comme confident.**

Une jeune femme de trente-cinq ans disait : « J'ai trouvé un remède à la solitude dans la littérature et la possibilité d'avoir des enfants. Aujourd'hui, mère de quatre enfants, et fière de l'être, j'ai tenté de toutes mes forces, de « rompre la chaîne », à savoir, donner à mes enfants de la liberté par rapport à moi, car en ce qui me concerne, il me pèse encore d'être la fille unique de ma mère, elle-même fille unique de sa propre mère, qui était également fille unique. »

* La vie est-elle plus difficile pour les enfants uniques ?

Le statut d'enfant unique laisse peu de personnes indifférentes. Certains sont fiers d'avoir réussi : « Je peux être fière, parce que seule, sans frère ni sœur, avec un appui familial modéré, je suis arrivée à faire des études, à avoir des amis et avoir une réussite familiale et professionnelle. Beaucoup de mes amies qui sont entourées de frères et sœurs ont moins bien réussi. La situation d'enfant unique nous oblige à nous battre pour avoir une place au soleil. »

Si certains n'ont pas pris conscience pendant l'enfance de leur état d'enfant unique, plusieurs ont pu être gênés par le regard des autres :
« J'avais conscience que les enfants uniques étaient mal vus par les autres enfants, parce qu'on les imaginait archi-gâtés, chouchoutés, ce qui n'était pas mon cas. »
« Si ma situation d'enfant unique n'était pas trop désagréable, j'ai pu en avoir honte dans le regard et les réactions des gens. »
« J'ai souvent été gênée, parce que différente des camarades

qui étaient nantis de frères et sœurs. On sous-entendait souvent ce qu'il peut y avoir d'égoïsme ou d'égocentrisme chez ces enfants. »
« Ni fierté, ni honte. Agacée par les jugements des autres, j'en étais malheureuse, et encore aujourd'hui », dit une femme de quarante ans.

Beaucoup d'enfants uniques se souviennent d'avoir réclamé un frère ou une sœur, et plusieurs s'en sont inventé un, notamment à l'adolescence : « À l'adolescence, pendant une courte période, je me suis inventé un frère ; sans doute aurait-il pu me sortir, parce que j'étais timide. Lorsque les gens ne me connaissaient pas, il m'est arrivé de dire que j'en avais un. »

Lorsqu'on demande à un enfant unique s'il pense avoir plus d'enfants que ses parents, les réponses montrent massivement le désir d'avoir plusieurs enfants. C'est un désir généralement féminin, les garçons ne se posant pas toujours la question. Voici le témoignage d'une femme de cinquante ans :

« Je suis un cas relativement rare, puisque je suis fille unique, célibataire, née de parents eux-mêmes enfants uniques. J'ai donc été souvent au milieu d'adultes. Je ne souffrais pas de ma situation, mais il y avait souvent un manque, parce que je réclamais une petite fille pour jouer ; quand il n'y avait pas de petite fille disponible au jardin public, ma mère jouait avec moi. [...] Ma mère avait abandonné son métier d'institutrice à ma naissance, sous la pression familiale, ce qu'elle a toujours regretté. Elle était toujours disponible, et j'étais très attachée à elle. J'ai eu une enfance très culturelle : théâtre et cinéma avec mes parents, ce qui n'aurait pas été possible si nous avions été plusieurs enfants. J'ai pu faire de longues études – je suis professeur agrégé. À l'adolescence, je me suis retrouvée assez seule. À partir de l'adolescence et pendant mes années d'étudiante, j'ai souvent regretté d'être unique, sans frère, sans oncle ni tante, ni cousins, pour partager ma peine et demander conseil. J'aurais aimé avoir deux enfants ! Et maintenant ? Quand je pense à cette absence de famille, j'ai comme une impression de vertige, et j'essaie de penser à autre chose. Inutile de dire que je suis très attachée à mes amis. J'ajoute que le métier de professeur, choisi très tôt, et que je continue à aimer, me permet d'être toujours au contact des autres… »

> En définitive, si chacun de nous a tendance à idéaliser la période de l'enfance, la rencontre avec ces adultes ayant été enfants uniques m'a amené à penser différemment. Pour beaucoup, l'enfance n'a pas été idyllique. Même si cette condition n'a pas toujours été vécue dans la difficulté et la souffrance, il persiste, latent au fond de leur cœur, un regret de n'avoir pas eu à partager avec des pairs de leur génération la vie familiale. La souffrance qui s'exprime ne se vit généralement pas dans la petite enfance, mais plus tard, à l'adolescence et ensuite.

Quelques conseils aux parents d'un enfant unique

- **Les parents d'un enfant unique ne doivent pas céder à la pression des stéréotypes sociaux sur l'enfant unique désigné comme égoïste, solitaire ou possessif.**

- **L'enfant, bénéficiant de leur attention exclusive, doit vivre une vie d'enfant, sans que ses parents ne cherchent à « l'adultiser » trop tôt.**

- **Si l'on constate généralement une avidité sociale chez ces enfants, il faut que le climat familial soit favorable, et que l'ouverture aux autres soit grande chez les parents.**

- **Il faut éviter de favoriser sa précocité intellectuelle au détriment de sa maturité affective.**

- **Le sentiment d'intimité entre lui et ses parents ne doit pas l'impliquer dans leur vie de couple ; ils doivent tout à fait marquer les générations.**

- **Il ne faut pas le rendre prisonnier de l'obligation de plaire.**

- **La pression parentale ne doit pas être telle que l'enfant unique veuille, plus encore que les autres, satisfaire les rêves parentaux.**

Dans ces conditions, même s'il y a des risques, un enfant unique peut être aussi heureux et aussi épanoui que les autres.

Chapitre V

LES JUMEAUX OU FRATRIES MULTIPLES : TRIPLÉS, QUADRUPLÉS…

Certains enfants, de par leur naissance, ne sont ni aînés, ni derniers, ni uniques, mais, arrivés ensemble, forment une fratrie. Les interrogations sur les fratries multiples ont toujours existé. Les jumeaux fascinent ou inquiètent ; ces familles « pas comme les autres » ne laissent personne indifférent.

Les jumeaux

Les naissances gémellaires sont à la source de toute une mythologie : Rémus et Romulus, Castor et Pollux, Apollon et Artémis… Elles traversent l'histoire, la littérature, le cinéma, le théâtre, la bande dessinée…

Les vrais jumeaux attirent depuis plus d'un siècle les partisans de l'inné ou de l'acquis. Les uns cherchent à vérifier l'hypothèse selon laquelle un caractère donné est retrouvé chez le frère quel que soit son milieu environnemental. Les autres montrent que deux jumeaux élevés différemment sont essentiellement dissemblables.

À l'heure actuelle, quand on parle du clonage, la première question qui vient à l'esprit et que posent les médias est : comment reproduire deux êtres semblables ? Ils auront le même patrimoine génétique, mais ce sera leur seule ressemblance ; ils ne grandiront pas dans le même utérus, ils ne vivront pas au même moment, ils n'auront pas le même âge, et l'environnement ne sera pas commun.

* Monozygote

Le mimétisme des jumeaux à des milliers de kilomètres hante les chercheurs américains ; ils sont à la recherche du moindre indice en faveur de leur thèse. Il est vrai que les coïncidences sont plus fréquentes pour les monozygotes. Quoi qu'il en soit, pour beaucoup, le fait d'être monozygote

est un « accident » de la nature. Pour ceux-ci, c'est un œuf qui se scinde en deux au début de la conception, entre le premier et le dixième jour.
Avec les échographies précoces, on a pu découvrir que dans 30 à 40 % des cas, une poche ovulaire disparaissait avant douze semaines ; dans l'une des poches existe un fœtus qui a des mouvements actifs ; dans l'autre, de dimension plus modeste, on ne voit plus aucun écho fœtal décelable, aucun mouvement, aucun battement ; « il s'agirait peut-être de la lyse de l'un des deux jumeaux[34]. » On peut imaginer que ce serait une première manifestation d'une lutte pour la vie : peut-être avons-nous été 30 % à tuer notre jumeau dans l'œuf ?

* Dizygote

Les dizygotes sont deux œufs ovulés à peu près au même moment. Si les monozygotes ont le même patrimoine génétique, les dizygotes ont un patrimoine semblable aux frères et sœurs en général ; ils peuvent être du même sexe ou de sexe différent ; ils ont simplement une vie intra-utérine commune.

Actuellement, on ne sait pas pourquoi il y a parfois scission de l'œuf : ce n'est pas héréditaire, alors que les dizygotes peuvent avoir un caractère héréditaire. Chez les jumeaux, il y a deux tiers de dizygotes pour un tiers de monozygotes.

À propos des jumeaux dizygotes, le *Larousse* emploie le terme « jumeaux fraternels ».

34 Roger Henrion, « La vie in utero d'une fratrie », *Frères et sœurs*, ESF, 1981.

De plus en plus de jumeaux

Les grossesses gémellaires ou les grossesses triples sont en augmentation ; le taux de triplés a été multiplié au moins par trois en dix ans. Cela est dû en grande partie à l'assistance médicale à la procréation et à la fécondation *in vitro*. En effet, généralement, on transplante trois ou quatre embryons pour avoir plus de chances d'obtenir un enfant ; on stimule également dans certains cas l'ovulation pour permettre aux femmes d'avoir plusieurs ovocytes dans leur cycle.

* Vrais et faux jumeaux

Les réactions de l'entourage à ces futures naissances sont enthousiastes ou navrées. Très vite vient la question : « Est-ce des vrais ou des faux ? » Comme m'avait expliqué une jumelle de dix ans à une consultation : « C'est bête, quand on dit que je suis jumelle, on dit toujours que je suis fausse. »

Les « vrais » fascinent davantage les gens ; c'est un double, c'est le même, perturbant l'identité : suis-je moi ou un autre ? Mais en même temps, tout un folklore d'histoires, plus ou moins exactes, agitent notre imagination. Ils se ressemblent tellement qu'ils jouent à nous tromper : pour passer des examens, pour se présenter à un travail, etc.

Ce mimétisme, ce « faux-semblant » ne doit pas nous écarter de la véritable question : comment les enfants vivent-ils leur propre fratrie, leur ressemblance et leurs différences, et comment le regard parental va-t-il façonner leur identité ?

* Proximité et conflictualité

Qu'en pensent les jumeaux eux-mêmes, comment le vivent-ils ?

En 1998, France Culture retransmettait ce témoignage[35] : « Nous étions deux vraies jumelles, un accident de la nature, déjà dans l'utérus maternel, il y en avait une qui mangeait sur l'autre. La proximité et la conflictualité, nous les avons connues avant notre naissance. Elle me donnait des coups de pied et je les lui rendais. Ma mère avait une grossesse difficile, on lui avait dit : « Il faudrait qu'on lui en sorte au moins un de vivant ». Il y avait la bonne et la mauvaise ; c'était la façon de nous différencier. Ma sœur était la bonne, j'étais la mauvaise. On nous appelle les jumelles ; nous nous appelons Paule et Laure. Cette ressemblance euphonique (il n'y avait qu'une lettre qui différenciait leur prénom) était perpétuellement accompagnée de « Comme elles se ressemblent ». On voulait nous habiller différemment. Ce conseil avait été donné aux parents, mais cela était aussi une grande source de conflits lorsqu'il y avait une robe à carreaux et à fleurs, chacune de nous voulait la même robe. Nous étions un couple absolu, parfait, mais impossible. Nous arrivions à nous faire peur : et si j'étais toi ? Quelle horreur ! »

35 Émission « *Frères et sœurs* » sur France Culture en janvier 1998, avec G. Bonnet et Paul-Laurent Assoun.

> Ce témoignage, qui peut paraître excessif, montre bien le travail psychique qu'ont à faire les jumeaux dans leur course à l'identité, et comment cela peut être terriblement difficile.

René Zazzo[36], psychologue et chercheur, a été un des premiers en France à étudier la situation gémellaire. Il rend compte de l'individuation somatique et de l'individuation psychologique. Sa recherche a porté sur les caractéristiques de la situation de couple et ses implications dans le développement et la personnalité des jumeaux : fréquence du retard du langage, déficit de la sociabilité, confusions gémellaires, épreuve de la séparation, liens gémellaires spécifiques.

Comme l'écrivait un jumeau de trente ans lors du mariage de son frère : « Aujourd'hui, j'ai tout perdu ou presque, c'est-à-dire une partie de moi-même. »

* Un langage particulier

Les jumeaux développent entre eux un langage spécifique appelé « cryptophasie ». Cela leur permet de s'entretenir pendant des heures, sans que des témoins puissent percer le sens de leurs paroles. René Zazzo élabore une méthode qu'il désigne comme méthode de « couple gémellaire ». Celle-ci vise à mettre en évidence les effets de ce couple. La loi du couple est d'organiser le rôle des partenaires, et donc de les différencier. Il énonce aussi les idées fondamentales de ces recherches : « Les jumeaux sont des couples excessifs, et non

36 René Zazzo, *Le Paradoxe des jumeaux*, Stock, 1984.

une exception ; l'individuation des jumeaux est un paradoxe puisqu'elle s'affirme en dépit des pouvoirs de l'hérédité. »

> **Pour lui, l'intérêt des couples monozygotes dans l'étude de la personnalité est de démontrer l'importance primordiale de facteurs autres que l'hérédité, tel que l'environnement. D'où les conseils donnés : il est indispensable de dégémelliser les jumeaux et de les individualiser. Aux parents de les différencier dès l'échographie !**

Sans cela, ils forment un « gang » face aux autres, face aux parents et à la société, et les risques sont grands pour eux de s'enfermer, de s'appauvrir et de se satisfaire. Il est en effet souhaitable de les prénommer de manière tout à fait distincte, ce qui n'est pas toujours fait. Les parents, comme l'entourage, devraient cesser de dire « les jumeaux ». Dans les familles, il arrive fréquemment que l'on demande « Comment vont les jumeaux ? », sans prendre soin de les prénommer. Au lieu de les différencier de manière manichéenne (les habiller différemment peut-être, mais cela n'est qu'une apparence), il faut trouver des signes symboliques distinctifs très tôt, et les considérer tout à fait individuellement, sans être en opposition, car le risque est grand de les figer dans un statut.

* Pourquoi plus de célibataires ?

Un des sujets abordés par René Zazzo est celui de leur sexualité.

La non-différenciation et l'attitude parentale montrent que de nombreux jumeaux partagent le même lit, même à l'adolescence. On peut penser que la situation gémellaire favorise dans ces cas l'expression de tendances homosexuelles latentes, en général à l'adolescence. Il ne semble pas qu'il y ait plus d'homosexuels que dans la population générale, mais le taux de célibataires est plus élevé. Établir une relation conjugale avec un partenaire extérieur à la famille témoigne pour le jumeau de son unicité psychique et de son autonomie.

Frédéric Lepage explique l'importance du célibat par la richesse du système clos ainsi créé : « Le bonheur gémellaire dans sa plénitude se suffirait à lui-même[37]. »

* Souvent inséparables

Des nombreuses émissions sur les jumeaux, nous en avons retenu une, qui a eu lieu en 1982, dans « Les dossiers de l'écran ». Plusieurs paires de jumeaux étaient présentes sur le plateau. Il y avait parmi eux deux jumelles dont l'histoire était particulière puisqu'elles avaient épousé deux frères jumeaux ; lors de l'émission, leurs maris étaient décédés.
L'histoire de cette famille est surprenante. Deux jumeaux reviennent de la première guerre mondiale, où ils ont combattu ensemble. Leur père décide qu'il faut à tout prix marier ses fils à deux jumelles. Ayant appris que deux jeunes filles jumelles habitaient non loin, il entreprend le voyage et rencontre les parents, et le « marché mariage » est conclu.

37 Frédéric Lepage, *Les Jumeaux*, Robert Laffont, 1980.

Question : laquelle avec lequel ? Les parents en toute logique décident que l'aîné se mariera avec l'aînée, et le deuxième avec la dernière…
Ils font leur voyage de noce ensemble… et vont gérer en commun leur affaire commerciale. C'est ainsi que ces deux couples ne se sont jamais quittés. Même bourse, même maison… Ils ont eu cinq enfants. D'abord, chaque couple, une fille à cinq jours d'intervalle, puis l'un des couples eut un garçon, et ensuite une fille naît dans chaque ménage avec quatorze mois d'écart. Les enfants appellent les mères Maman Jeanne et Maman Madeleine, et les pères Papa Robert et Papa Georges. Cela a toujours été une belle entente.
Comment les enfants ont-ils été investis individuellement ?
Un des jumeaux est mort quinze ans avant l'autre, le mariage à trois a persisté… Il n'aurait pas fallu que la jumelle veuve se soit remariée, sa sœur ne l'aurait pas voulu.
« Si nous pouvons formuler un vœu, c'est celui d'avoir la chance de mourir ensemble afin de ne pas souffrir de séparation », répondait l'une d'elles à une interview.
« Nous portions des vêtements identiques ; notre ressemblance a provoqué de multiples quiproquos et témoignages de curiosité, ce qui nous amusait beaucoup. Et puis, nous nous sommes installés dans une grande maison, avec un grand jardin ; nous avions même table, même bourse ; jamais il ne nous est venu à l'esprit de ne pas vivre ensemble. »

Lors de l'émission « Les dossiers de l'écran », il y avait, entre autres, des jeunes filles triplées, deux jumeaux anglais monozygotes, qui avaient vécu séparés et les deux jumelles dont nous venons de parler. Un film fut projeté : une rencontre dans un hôtel, d'une vingtaine de couples de jumeaux monozygotes, qui passèrent quelques jours ensemble. Ils étaient indissociables dans un mimétisme qui paraissait étrange et surréaliste à toute personne qui les regardait. Un journaliste et un cameraman (pas jumeaux !) faisaient figure d'intrus. Après la projection du film, les jumeaux présents sur le plateau furent interrogés, et donnèrent leur avis :

– les deux jumelles ne se reconnaissaient pas dans les différents couples de jumeaux ;

– les triplées montraient que, pour elles aussi, les séparations seraient difficiles car elles avaient vingt-sept ans et imaginaient se marier en même temps ;

– quant aux jumeaux monozygotes anglais, ils parlèrent longuement de leur histoire personnelle si semblable. Séparés à la naissance, ils s'étaient retrouvés à trente-huit ans, ayant eu beaucoup de similitudes dans leur parcours de vie ; ils avaient épousé en premières noces deux femmes qui avaient le même prénom. Ayant divorcé à quelques mois d'intervalle, leur seconde épouse avait aussi le même prénom…

Pas de déterminisme génétique

On peut multiplier les ressemblances troublantes et les similitudes du comportement mais le risque est d'en faire un déterminisme génétique. On sait, et heureusement, que l'environnement et l'histoire relationnelle déterminent bien plus nos comportements que l'hérédité, comme le montrent les rencontres avec des jumeaux.

Si dans les fratries classiques, marquées par l'écart d'âge, la différenciation entre les enfants est évidente pour tous, pour la fratrie de jumeaux, elle est soumise à la relation parentale et à l'environnement. Les vrais, comme les faux, n'ont pas le même caractère, ni le même comportement selon les interactions spécifiques à chacun, même si les parents n'en ont pas toujours conscience.

Pour en revenir à cette famille étonnante, les deux jumelles sont mortes à quelques mois d'intervalle, à plus de quatre-vingt-dix ans ; elles étaient ensemble dans une maison de retraite. Leurs cinq enfants ont des enfants ; seul le garçon a des jumelles, qui sont dizygotes.

Nous avons demandé aux cinq « cousins-frères » de parler de leur vécu. L'une, l'aînée, signale qu'ils étaient « cousins-frère-sœurs » ; leurs réponses sont intéressantes et correspondent à toutes les fratries. À propos du « clan des deux aînées » (parce qu'elles avaient cinq jours d'écart), elles disent qu'elles ont pu vivre comme des jumelles.

Le garçon, seul mâle au milieu de la fratrie, pense qu'il a eu une enfance très heureuse, qu'il souhaite à tous les enfants de vivre ainsi. « Il a eu deux pères et deux mères, et il était le chef, puisqu'entouré de quatre sœurs… » Il était peut-être pour lui plus facile de se différencier, étant le seul garçon.
L'une d'elles dit avoir demandé à sa mère, alors qu'elle était âgée : « Dis-moi que tu m'aimes. » On peut voir poindre

une certaine inquiétude. En effet, l'attachement très fort des jumeaux ne peut-il pas faire une ombre à l'attachement mère-enfant, que celui-ci souhaite être exclusif ? Elle ajoute : « Ma mère et sa sœur se regardaient en miroir ; l'une était le reflet de l'autre... Ma mère ne se souvenait pas de ma naissance... »

S'il est difficile pour une mère d'investir deux enfants à la fois, qu'en est-il pour deux jumelles si proches et si soudées ? Comment peuvent-elles se détacher un peu, pour se consacrer entièrement au bébé qui arrive ? La « folie à deux », la préoccupation maternelle primaire dont parle Winnicott, peut-elle avoir lieu ?

Pour mieux percevoir le vécu des jumeaux, nous avons rencontré et eu des témoignages de jumeaux de différents âges, qui ont répondu chacun de leur côté.

Une quinzaine de paires de jumeaux, et des garçons triplés ont donné leur avis.
On note quelques particularités intéressantes dans leurs réponses. Deux vraies jumelles ayant répondu séparément ont mis le même prénom par exemple...
Une jumelle vraie a répondu pour les deux, en mettant les deux poids de naissance différents ; elle se dit dominée, l'autre dominante, mais n'en a pas souffert. Elles ont des choix identiques pour les prénoms de leurs enfants, et s'achètent des vêtements semblables sans se concerter. Elle conclut : « La réponse à ce questionnaire est idem pour ma sœur que j'ai contactée par téléphone. Le métier de nos

conjoints nous a séparées de mille kilomètres. Cependant, nous nous téléphonons deux fois par semaine et sommes très liées. Indifférence envers nos autres sœurs aînées, aucun point commun. »

> **Sur quinze couples, onze de femmes, trois d'hommes, et un homme et femme, il nous a paru que les liens les plus forts, les goûts les plus semblables, les sentiments communs, l'intimité la plus grande, se retrouvent surtout pour les couples seuls dans leur fratrie ou pour lesquels la différence d'âge avec d'autres frères et sœurs est très importante, qu'ils soient monozygotes ou pas.**

* Position dans la gémellité

La position dans la gémellité est une situation difficile à assumer par les protagonistes eux-mêmes. Le « dominé » peut souffrir de sa position, ne pas le reconnaître, ne pas l'assumer. Le « dominant » peut être étonné qu'on le considère comme tel et attribue aux autres, à l'entourage, cette impression.

> Gémellité difficile à assumer

Une jumelle écrit : « Dans certaines situations, je suis la dominée, mais je pense ne pas en avoir souffert ; si ma sœur veut être parfois dominante, ça m'est égal ; ça lui passera… ». L'autre écrit : « Dans certains cas, je suis plutôt dominante, mais cela m'est indifférent. »

« Avez-vous un désir très fort de vous différencier ?

– Oui, dit l'une, nous n'aimons pas notre ressemblance.
– Oui, par exemple si je m'habille comme elle, elle me demande de changer de vêtements. »
La première ajoute :
« Je considère ma gémellité comme une honte, contrairement à elle. Lorsqu'on nous confond, c'est un très grand ennui ou une honte, car nous nous efforçons toujours d'être très différentes. »
La seconde :
« Je pense toujours être unique ; ma sœur n'est pas mon « clone ». Alors, quand on nous confond ou qu'on nous appelle « les jumelles », ça m'ennuie ; j'aimerais être seule, mais je subis. »
« Votre jumeau/jumelle est-il ou elle votre meilleur confident ?
– Oui, dit la première, mais à chaque fois, elle raconte tout aux parents. »
En conclusion, la première écrit :
« Nous n'avons pas de rivalité ; des disputes bien sûr, mais plutôt une difficulté à assumer d'avoir une sœur jumelle, et accepter le regard des autres. »
L'autre :
« Nous nous sommes démarquées peu à peu ; nous avons eu des disputes comme tous les enfants, mais aujourd'hui, tout cela semble oublié… »

> Dans ces réponses pointent les difficultés des jumeaux à assumer leur gémellité, et ces désirs de différenciation sont opposés, comme si l'un voulait à toute force s'éloigner, mais l'autre se rapprocher, en étant quand même unique.

> « La vie nous a faites très différentes »
De vraies jumelles de cinquante-cinq ans, deuxième et troisième d'une fratrie de cinq.

Un peu dans le même registre, nous avons eu des réponses assez similaires au couple précédent, où l'une a du mal à assumer sa gémellité, et l'autre a un désir très fort de rapprochement.

Écoutons d'abord la deuxième-née :

« Être arrivée comme un cheveu sur la soupe, sans jamais avoir été attendue, ni désirée, sans nom ; je l'ai fortement ressenti très jeune. L'impression d'être de trop, avoir peur de déranger, faire plaisir pour pouvoir être acceptée et surtout aimée. Naître jumelle a été pour moi une « tare de naissance »… Je me suis sentie mieux pour trouver mes repères dès que nous avons vécu séparément. À seize ans, suite à un déménagement des parents, nous n'avons jamais revécu à proximité. »

La première-née : « D'après ma sœur, je suis la dominante. J'aurais voulu que ma sœur partage mon besoin de rapprochement avec elle, et qu'elle n'en favorise pas l'éloignement. À l'époque, j'avais l'impression qu'il y avait un droit d'aînesse, et la personnalité du dernier comptait beaucoup. La ressemblance soulignée était plutôt un plaisir par jeu,

et j'avais – contrairement à ma sœur – un désir très fort de ressemblance. »
L'autre au contraire désirait se différencier, encore maintenant ; la ressemblance soulignée lui procure un ennui profond et une contrariété. « Le *t'es qui toi ?* de ma petite enfance m'est vraiment insupportable. Maintenant, je suis encore contrariée quand j'entends ce genre de question : « On voit bien que vous êtes jumelles », comme si sa propre personnalité n'avait de valeur que par rapport à celle de l'autre. J'ai subi fortement la domination de ma jumelle qui était beaucoup plus personnelle et plus hardie. »
La première-née dit qu'il y a eu un rapprochement à l'âge adulte, lorsqu'elles ont été toutes les deux mamans. Cependant, l'attachement relève plus d'une filiation que d'une gémellité. Elle ajoute : « Je suis contente d'être jumelle. J'aurais aimé que ma sœur approuve cette réalité, qu'elle soit ma complice dans la vie et non pas qu'elle trouve que je suis une rivale. Je trouve que nous sommes semblables et différentes à la fois, car nous avons une base commune, mais nous ne nous exprimons pas de la même manière. Si un dilemme se pose, nous ne réagissons pas pareil. »
Comme on peut le supposer, elles n'ont pas les mêmes goûts, ni les mêmes relations, ni aucune complicité : « La vie nous a faites très différentes. »

> Recherche de liens privilégiés malgré les aléas de la vie
Deux jumeaux dizygotes de cinquante ans, deuxième et troisième sur cinq.
Après eux, deux sœurs jumelles, mais l'une est mort-née.

Pour les deux, leur arrivée a été accueillie avec joie et inquiétude. Le deuxième dit à propos de leur accueil : « Amour de la mère, rejet du père. » Il précise que son père faisait une différence entre les deux jumeaux. Il dit avoir été dominé, en particulier pour les résultats scolaires assez mauvais par rapport à son jumeau.

L'autre jumeau dit qu'il n'y avait ni dominant, ni dominé, mais signale aussi que son père faisait une différence entre les deux.

Les relations avec le frère aîné et les sœurs ont été bonnes, après beaucoup de disputes dans l'enfance. « Entre nous, nous avions les rivalités normales de l'enfance, ni plus, ni moins. » Tous les deux disent que cela s'est transformé en une bonne entente à l'âge adulte.

Ils ont fait des études et ont un statut professionnel différent et des amis dissemblables. Le fait de se ressembler n'importait pas, ni à l'un, ni à l'autre. D'une manière générale, les filles sont beaucoup plus sensibles à la ressemblance. Les paires de jumeaux garçons n'ont jamais rien précisé à cette question.

L'un conclut : « Il y a des choses qui ne s'expliquent pas dans une relation avec un jumeau. »

L'autre : « Les conjoints, très différents de par leur origine familiale ou professionnelle, nous obligent à des goûts et des choix quelque peu différents. De temps en temps, un déjeuner avec mon frère jumeau me permet de prolonger cette intimité qui n'appartient qu'à nous. »

> **Aucune ressemblance physique ou de caractère**
Deux jumelles de quarante-deux ans.

Elles sont deuxième et deuxième bis, d'une fratrie de six filles. Toutes les deux disent être nées la première. L'une ajoute, avec un certain humour : « On me l'a souvent dit, mais je ne m'en souviens pas. »

À propos de la question dominée-dominante, l'une précise : « Difficile de répondre dans ces termes. De par sa personnalité, ma jumelle sortait du lot ; dans la famille, j'avais un rôle de responsable, d'aînée par rapport à elle, mais ce rôle incluait les deux sœurs cadettes par le sentiment à l'âge adulte que cette responsabilité – que je me suis attribuée ou que la famille m'a attribuée – était un peu lourde à porter. Enfant, je n'en ai pas souffert ; je le considérais plutôt comme une marque de valorisation. »

À ce propos, l'autre ajoute : « Il n'y avait pas de dominée, mais ma sœur était rendue responsable de moi. Mes parents faisaient une différence sur le plan des responsabilités, pas sur le plan affectif. [...] Dégagée de beaucoup de responsabilités matérielles et pratiques, c'était un avantage, car j'avais moins de contraintes. »

« Nous sommes de fausses jumelles, dit l'une, sans aucune ressemblance physique ou de caractère. »

De ce fait, elles n'ont pas eu le désir de se différencier ; il n'y avait aucune confusion possible. Cela se fait tout seul au gré des possibilités et des affinités de chacune.

Pas de souvenir de rivalité, ni pour l'une, ni pour l'autre.

Pas d'attachement plus spécifique qu'avec les autres sœurs.

Il n'y a pas eu de transformation de leurs relations, mais

pas d'attachement particulier. L'une est mariée avec deux enfants. L'autre pas, et n'a pas d'enfant, mais rien n'a été exprimé sur le sujet.
Elles ont fait des études très différentes et semblent avoir été ensemble dans leur scolarité seulement à la maternelle.
Une seule question où elles ne semblent pas être d'accord :
« Avez-vous des amis semblables ?
– Oui », répond l'une alors que l'autre écrit : « Nos amis ont toujours été très différents ! »

> **Les réponses montrent que d'une part l'éducation, l'absence de ressemblance physique, et d'autre part la présence d'une nombreuse fratrie ont facilité leur individualisation et leur autonomie, il n'existe aucune revendication, ni pour l'une, ni pour l'autre.**

> « Nous n'avons pas de rivalités, mais nous nous disputons gentiment ! »
Un frère et une sœur de quarante-trois ans, quatrième et cinquième d'une fratrie de cinq, dont quatre garçons. Cas particulier : jumeaux de sexe différent dans un seul placenta (un cas sur mille).
La fille est née la première. « Cela a été une joie. Mon père était content d'avoir une fille après quatre garçons. »
Pas de problème spécifique à l'enfance.
« Mon frère était plutôt dominant ; il m'embêtait toujours, mais ce n'était pas méchant ; j'avais tout de même un sentiment de persécution. » Le garçon dit : « J'étais le dominant ; c'était un avantage. […] Les parents ne faisaient

pas de différences dans leurs relations avec chacun d'entre nous. » « Pas les mêmes études et une profession très différente. Nous étions en classe ensemble jusqu'en troisième. » « Nous avons sans doute plus de relations ensemble qu'avec les autres frères. »
La fille est célibataire ; elle a un fils de vingt ans. Le garçon est marié et a deux enfants. Le mariage du garçon n'a pas posé de problème spécifique à sa sœur.
Ils n'ont pas d'amis communs et ne se voient pas fréquemment, pas plus qu'avec les autres frères. Le garçon précise : « Nos relations d'adultes sont tout à fait correctes par rapport à celles de l'enfance. » La fille : « Nous n'avons pas de rivalité, mais nous nous disputons gentiment ! »

> Les rivalités ont aidé à l'autonomie
Deux jumelles de vingt-cinq ans.
Elles sont arrivées après un frère de quatre ans de plus qu'elles. Leur arrivée prévue fut une joie. Toutes les deux ont eu quelques troubles alimentaires dans l'enfance. Le langage est normal. L'une dit que sa position est dominante : « Je ne l'ai ressentie qu'après en avoir parlé avec ma mère. » L'autre n'en parle pas.
Elles ont fait des études similaires et sont encore étudiantes. Toutes les deux disent qu'elles ont des désirs très forts de se différencier : « Même fausses jumelles, nous nous ressemblons beaucoup : même voix, même regard, même sourire paraît-il. » Toutes les deux signalent que c'est un ennui quand on les confond. Elles ont des goûts semblables et des amis parfois différents.

Leurs relations ne se sont pas beaucoup modifiées à l'adolescence, ni à l'âge adulte. Cependant, l'une pense que les rivalités ont aidé à la prise d'indépendance.

Que penser de ces situations ?

- **La position dans la gémellité ne dépend pas du fait que les jumeaux sont vrais ou pas… Tous ces témoignages confirment que l'éducation, les circonstances de l'existence, l'environnement jouent un rôle plus important que le patrimoine génétique.**
- **Pour les vrais jumeaux, il y a sans doute un plus grand désir de se différencier, mais cela d'autant plus qu'ils sont jeunes.**
- **Lorsqu'on sent persister un conflit ou une rivalité latente, il y a souvent le désir de l'un de se rapprocher, et de l'autre de s'éloigner. La conflictualité, quand elle s'exprime, a paru peut-être plus importante pour les jumeaux monozygotes.**
- **Les projets, les connivences entre jumeaux, ne sont pas plus fréquents entre vrais ou faux jumeaux. Cela a été noté surtout par les jumelles.**
- **Le mariage, c'est-à-dire le choix des conjoints, éloigne souvent les jumeaux ; cela est parfois exprimé comme un regret. Cependant, il nous apparaît que ce peut être l'occasion de se différencier et d'être ainsi tout à fait individualisé.**

Ces quelques rencontres montrent à l'évidence que l'éducation, le fait de vivre ensemble, l'ouverture aux autres ou le repli sur eux déterminent la trajectoire des jumeaux. Certes, il ne faut pas nier que la différenciation et l'autonomie sont moins simples à acquérir que dans les fratries ordinaires. Avoir plusieurs enfants d'un même coup n'est assurément pas un choix, mais le plus souvent, cela est très bien assumé par les parents comme par les enfants.

Les triplés

* Deux filles et un garçon

Entre 1995 et 2000, une fratrie de triplés a été suivie en consultation dans un CMPP[38]. Les enfants, deux filles et un garçon, sont nés en 1990 à la suite d'une fécondation *in vitro*. La mère avait été suivie et traitée pour stérilité, et après deux échecs de FIV, trois embryons implantés ont donné naissance à trois enfants.

Prématurés seulement d'un mois et demi, leur poids de naissance était de 2 kg environ, la première-née, une fille, pesait 2,5 kg. Ces naissances étaient très désirées parce que très attendues. Le père, fils unique, était très heureux d'avoir trois

38 CMPP : Centre médico-psychopédagogique.

enfants et surtout un garçon. La mère, aînée de trois filles, a survalorisé d'emblée le garçon car, dans sa famille, il n'y avait que des filles. Mathilde est la première-née, 2,5 kg, Sophie, la deuxième, 2 kg, et Frédéric le troisième, 2 kg également.
Bien que très entouré les premiers temps, le couple s'est senti vite débordé et très seul. Les nuits étaient difficiles, l'alimentation posait problème. Comment satisfaire trois enfants qui réclament et pleurent en même temps ? Bien que secondée par une aide familiale, la mère décrit comme un enfer cette première année.
Le petit garçon, Frédéric, très investi par ses deux parents, tarde à faire des progrès. Il sourit plus tard que ses sœurs ; la marche n'est obtenue qu'à dix-huit mois, et le langage est rudimentaire. Les deux filles font des progrès plus régulièrement ; Mathilde, la plus grosse à la naissance, est la meneuse et progresse plus rapidement.
Ils vont à la maternelle à trois ans ; les deux filles dans la même classe, le garçon dans une autre « pour ne pas faire de comparaison », dit la mère. Le langage tarde à venir, surtout pour Frédéric : Mathilde parle bien à deux ans et demi, Sophie un peu plus tard et Frédéric, qui se fait comprendre, a un langage spécifique avec ses sœurs, mais ne fait pas de phrases à trois ans.
On leur dit que « les garçons sont paresseux »… C'est ainsi que s'exprime la maîtresse pour rassurer les parents. Cependant en dernière section de maternelle, les parents consultent pour les trois enfants en soulignant que Frédéric les inquiète davantage.

Examinés à la consultation, leur quotient intellectuel est normal, légèrement au-dessus de la moyenne pour Mathilde, et avec un léger décalage pour Frédéric, mais leur état mental est satisfaisant. On note cependant une inhibition plus grande pour Frédéric, une peur d'apprendre sans doute pour ne pas décevoir ses parents. La mère semble assez exigeante avec ses enfants, anxieuse ; elle décrit une période « de déprime » la première année, car elle se reproche de n'avoir pas suffisamment stimulé ses enfants, surtout Frédéric. Le père tempère beaucoup les dires de la mère, et fait plus confiance à la « bonne nature des enfants ».

> **Derrière les propos de la mère, on sent sa déception en disant d'emblée qu'elle aurait voulu que son fils soit médecin comme son père, qu'elle admire beaucoup. On voit comment « un mandat transgénérationnel » pèse sur les épaules d'un petit garçon de cinq ans.**

Une rééducation en psychomotricité est entreprise pour Frédéric, qui lui donne plus d'assurance et de confiance en lui. Les trois enfants sont suivis en consultation individuelle régulièrement. Des entretiens hebdomadaires avec la mère ont permis une plus grande souplesse et un meilleur investissement de chaque enfant en instituant une place spécifique à chacun. Ils ont quitté le centre de consultation à l'entrée en sixième, chaque enfant ayant une individualité bien affirmée, prêts pour le collège, et les parents ayant retrouvé la sérénité.

> **Cette observation montre que les difficultés initiales et les projections massives faites sur le garçon ne permettaient pas à cette famille de trouver une place à chacun. Il faut ajouter que le père a été un allié précieux des thérapeutes, car il a su rassurer sa famille après l'avoir été lui-même lors de la première consultation.**

* Trois garçons

Un questionnaire de triplés m'a été remis. La maman a relaté de manière succincte leur arrivée :

« À quatre mois et demi de grossesse, j'ai appris que j'attendais des jumeaux ; cela a été une grande joie. Puis à sept mois, j'ai été hospitalisée, et lors d'une radiographie, j'ai appris qu'ils étaient trois. Après la surprise, l'inquiétude s'est installée, puisque c'était ma première grossesse. Ils ont passé deux mois en couveuse, alors que moi, j'ai été hospitalisée un mois et demi, car j'ai fait une pancréatite, doublée d'un ulcère ouvert à l'estomac.

Leur père les a tout de suite vus à la sortie du bloc opératoire, j'ai eu une césarienne. Il a pu les voir souvent et rapidement ; moi, selon leur état de santé, je n'ai pu voir qu'à sept jours Mathieu, ainsi que Jérôme à dix jours.

Ma grossesse n'a pas été programmée, et je n'ai subi aucun traitement ; il n'y a pas de naissance multiple dans nos familles. Quand ils ont eu six ans, ils nous ont demandé une petite sœur ; hélas, enceinte de trois mois, j'ai dû subir une intervention thérapeutique.

Ce sont des vrais triplés monozygotes et ils sont restés seuls dans la fratrie. »

Les réponses de ces triplés sont assez semblables, mais elles ont été faites en présence de leur mère, et ensemble. Ils signalent qu'ils ont eu des troubles du sommeil jusqu'à l'entrée en cours préparatoire. Leur langage était dans les normes, cependant un babillage a subsisté longtemps, qui n'était compris que par eux.
Ils ont été habillés de la même manière jusqu'à six ans (c'est la grand-mère paternelle qui leur achetait les vêtements) ; l'un signale que cela ne lui plaisait pas.
Ils ont eu une scolarité assez semblable jusqu'en seconde ; ils ont redoublé tous les trois leur troisième. Ils font des études différentes. Tous les trois disent qu'ils ont toujours cherché à se différencier : « Quand on nous confondait, c'était un grand ennui, un grand ras-le-bol. »
La grand-mère maternelle ne les reconnaît toujours pas. Ils signalent tous « l'envie profonde de ne ressembler qu'à eux ». Il semble que le dernier-né se plaint un peu plus de sa condition de triplé. Il termine : « Ce qui m'est insupportable, c'est de ne pas être identifiable du premier coup ; j'en ai parfois assez d'être semblable à mes frères, mais il faut vivre avec. »

Les quadruplés

Nous avons suivi à l'hôpital Saint-Vincent-de-Paul, de 1980 à 1984, une famille de quadruplés. Cette fratrie avait été adressée par le Professeur G. au chef de service de notre consultation : « Je t'adresse des petits quadruplés âgés de vingt-deux mois. Il s'agit de vrais jumeaux. Le problème que posent ces enfants est essentiellement alimentaire : refus des aliments non liquides. Les enfants ont un jargon entre eux, mais ne disposent que de quelques syllabes. La mère n'a pas matériellement le temps de s'occuper des quatre enfants. L'aide familiale est insuffisante. Les enfants ont un comportement de frustration que l'on remarque chez certains enfants de crèche lorsqu'ils sont en salle de jeux en dehors de la présence d'une jardinière d'enfants : disputes, morsures, agressivité. »

Les quatre garçons, Mathieu, Jérôme, Steve et Stephen, ont été examinés à la consultation. Ce sont de vrais monozygotes, et la mère, qui avait été suivie pour stérilité, n'avait plus de traitement, au moment de leur conception. Ils avaient un QD[39] un peu inférieur à leur âge réel, c'est-à-dire entre dix-huit mois et vingt et un mois pour vingt-trois mois ; le quatrième, non prévu à la naissance puisqu'on avait parlé de triplés à la mère, a un QD un peu inférieur à dix-huit mois.

Très attachés et inséparables, ils répondent tous les quatre au prénom de « Dadi ». Les parents seront aidés régulière-

39 QD : Quotient de développement.

ment sur le plan psychologique, et une aide matérielle sera proposée à la mère jusqu'aux trois ans des enfants. Les enfants seront revus à trois ans, puis à cinq ans.

* Bilan de consultation à cinq ans

L'intégration à l'école, qui au départ a été difficile, semble maintenant positive ; elle offre une relation plus sereine aux enfants, et la mère est satisfaite.

Ils parlent bien ; ils vont chaque année, un mois, en home d'enfants. Ils ont passé deux mois l'été dernier deux par deux. Cette séparation est très bien supportée par tous. Les parents sont détendus. Les enfants jouent ensemble normalement ; Steve prend souvent l'initiative des jeux. Le père a obtenu sa mutation pour Marseille, où la mère a de la famille, ce qui les rend heureux et disponibles. On note sur le dossier : « Après des difficultés de démarrage, nous pensons que leur progression psychologique est satisfaisante ; le langage est tout à fait bon. Ils évoluent positivement dans le processus d'identification et de différenciation. Il est souhaitable, l'an prochain, qu'ils rentrent dans la même école avec des classes différentes si possible. »

Quelques années après, dans une journée sur la gémellité, cette observation a été reprise pour l'exposer à des collègues. Les quatre enfants étaient très semblables, mais habillés deux par deux, avec les mêmes vêtements, et proposés ainsi au regard comme deux paires de jumeaux : les petits et les gros.

* Une épreuve pour les parents

Le récit de la mère, son angoisse quant à l'arrivée de ce quatrième non prévu, le vécu de l'accouchement et de ces années de stérilité ne correspond pas à ce que décrit l'équipe médicale. La naissance de ces quatre bébés nous montre sa difficulté initiale à investir et à différencier les enfants. Elle ne sait pas quand ils sont revenus chez elle ni dans quel ordre : quinze jours pour l'un et un mois et demi pour l'autre, alors que Stephen, le quatrième, n'est revenu qu'à soixante-quatre jours.

Le prénom « Stephen », proche comme consonance de « Steve », le fait apparaître comme celui en plus, semblable à Steve, son prolongement. Dans le discours de la mère, Stephen se détache un peu de la fratrie ; il est souvent décrit de façon négative.

Au surinvestissement par l'entourage à la naissance, se succède rapidement le sentiment d'être lâchée, de n'avoir que les difficultés et pas les plaisirs. Cette solitude de la mère s'accroît avec les enfants qui grandissent, jusqu'à trois ans. Elle est seule, débordée, avec l'impression que les services sociaux ne font pas ce qu'il faut ; cela est aussi partagé par les consultants. Elle se bat, n'est pas contente de ce qu'on lui propose, et réussit même à mettre les différents services en conflit. On peut penser que cette lutte, ces difficultés qu'elle projette à l'extérieur, la déchargent de sa culpabilité et lui permettent d'être moins déprimée.

Il semble aussi que les séparations, courtes d'abord, mais aussi plus longues et régulières, ont permis une meilleure distance dans les relations mère-enfant, des progrès valorisés par les parents. Elles étaient souhaitées, acceptées par tous, et demandées par les parents.

* Que peut-on en conclure ?

- L'investissement des enfants multiples, toujours un peu long, passe par une phase d'indifférenciation. Il faut que la mère puisse les reconnaître petit à petit comme uniques et individus à part entière. Elle a pour cela des moyens qui lui sont propres, compte tenu de sa personnalité. La révélation d'un quatrième à la dernière minute est sans doute une difficulté supplémentaire pour l'intégrer dans la fratrie, bien qu'elle n'en ait pas conscience.
- À propos de l'indifférenciation, la mère n'a jamais exprimé pour elle-même une confusion des enfants, mais plutôt la revendication d'être au début seule à les reconnaître. La façon dont la mère portait chaque enfant était très différente lors de l'examen psychologique.
- Le plaisir dans la relation est très peu évoqué. Une mère débordée a souvent du mal à parler des moments de plaisir.
- L'évolution des enfants va dans un sens positif, et permet d'être optimiste. Il a fallu cinq ans pour que les parents puissent avoir leurs repères et leur point d'ancrage dans la parentalité, le temps que les enfants eux-mêmes puissent se différencier et s'autonomiser.

Aide aux parents de fratries multiples

Sur le plan pratique, tous les parents de fratries multiples ont une ou deux années difficiles. Les mères surtout se sentent débordées, ne pouvant assumer leurs tâches matérielles. Elles se sentent coupables parce qu'incapables de faire face à la multiplicité des soins que réclament leurs enfants. Les sollicitations sont telles que les mères éprouvent une réelle souffrance et une frustration, car elles ont toujours l'impression de ne pas bien faire ou de ne pas faire assez.

Il paraît indispensable qu'une aide psychologique et sociale soit proposée aux parents de fratries multiples, au moins pendant les deux premières années.

Cela pourrait passer par des consultations régulières en centre de PMI[40] où pédiatres et puéricultrices devraient suivre et conseiller ces familles ; parfois, l'aide d'un travailleur familial peut soulager les parents dans leurs tâches matérielles.

Dans certaines difficultés d'investissement d'un enfant plus particulièrement, un soutien psychologique devrait accompagner les parents. Il est souhaitable qu'une aide à la parentalité permette de faire un pari sur l'avenir dans

40 PMI : Protection maternelle et infantile.

ces fratries multiples, quand on sait à quel point le regard parental et les interactions précoces fondent le socle de l'identité psychique.

L'aventure gémellaire doit permettre à des individus de se forger leur propre personnalité.

Chapitre VI

LES FRATRIES NOMBREUSES : AVANTAGES ET INCONVÉNIENTS

Les familles nombreuses existent-elles encore ? Le taux de fécondité en France était de 1,9 enfant par femme en l'an 2000, il est passé à 2 en 2010. Statistiquement, depuis une quarantaine d'années, même si elles sont en nette diminution, il y en a cependant un certain nombre. Aux deux bouts de l'échelle, ce sont les femmes de milieu défavorisé et celles de milieu socioculturel aisé qui sont les plus fécondes.

Particularités des familles nombreuses

À l'heure actuelle, avoir une famille nombreuse relève du choix, du projet, et non plus du hasard, du moins dans un certain milieu. Il correspond souvent à une idéologie religieuse.

* Le partage

Dans les familles nombreuses sont instituées des règles de groupe, une solidarité et des consignes générales ; plus encore que dans les petites fratries, le partage est obligatoire.

Partage des objets, des lieux, de la disponibilité parentale. Certaines affaires que l'on se passe du premier au deuxième, au troisième, etc. Souvent, les frères et sœurs vont dormir dans le même berceau ; jeunes, ils ont les mêmes vêtements, les mêmes jouets. Ces trésors dorment dans un coin du grenier et sont visités comme des souvenirs sacrés de l'enfance. Quelques familles les gardent pour les générations suivantes.

Il faut souhaiter cependant que l'ours en peluche donné par la grand-mère à un aîné qui lui a permis de chasser ses monstres de la nuit ne soit pas remis au suivant. Cela est très important, car l'écueil des familles nombreuses serait qu'il faille devoir tout partager, en faisant des enfants une succession de numéros. Aux parents d'être vigilants, de faire attention à ce qui peut paraître un détail mais qui pour l'enfant est tout à fait vital.

Les enfants partagent aussi l'espace. Bien sûr, les lieux de vie commune et surtout les chambres. Dans les familles nombreuses, il n'est pas possible que chaque enfant ait la sienne. Il y a souvent des changements lors de la naissance d'un nouveau-né ou à l'adolescence d'un garçon ou d'une fille devenu pubère. Cela est souvent source de conflits, tout comme les places à table.

Des règles doivent être instituées, tout en sachant qu'il faut que chaque enfant puisse avoir un « lieu intime » ; ce peut être un placard ou un tiroir qu'il puisse fermer à clef, quand il grandit et atteint l'âge de raison.

Dans les familles nombreuses, vu l'écart d'âge, il arrive que les frères et sœurs ne vivent pas de nombreuses années ensemble. Les aînés sont en pension ou partis faire des études quand naissent les derniers et, plus tard, les fratries refont l'histoire de leur famille ; ce sera souvent à propos de lieux partagés séparément, en vacances ou chez les grands-parents. L'un ou l'autre parmi les aînés est celui qui tient et noue le fil familial. Par sa mémoire active, il va fournir aux autres des références historiques, que les plus jeunes n'ont pas retenues : « Tu étais trop petit pour te souvenir, mais chez nos grands-parents... ». Même si les souvenirs sont différents, cette mémoire deviendra une « mémoire collective » et fera le ciment de leurs liens fraternels.

L'intérêt d'une fratrie nombreuse est d'empêcher une trop grande fusion parents-enfants.

Par le jeu des alliances diverses et renouvelées, la pression parentale s'exerce d'autant moins que la fratrie est nombreuse. Le partage obligé des parents et de leur disponibilité aide chacun des enfants à gagner rapidement son autonomie ; les parents sont contents de constater que les plus grands se débrouillent sans eux, leur permettant d'être ainsi attentifs aux plus petits.

* Une protection pour les plus « faibles »

Ils trouvent souvent alliance, proximité et ressemblance au sein du groupe. « Dilués » dans la masse, les parents les stigmatisent moins, car ils sont moins remarqués. À moins que le « vilain petit canard », seul dans le lot, soit dans une même haine englobé par les frères et sœurs à l'instar des parents. Ce qui est heureusement peu fréquent.

* La solidarité

La force du lien fraternel se retrouve dans la solidarité, souvent économique à l'âge adulte : frères et sœurs ont connu des budgets serrés à quelques exceptions près (il faut beaucoup d'argent pour élever une famille nombreuse). Elle se retrouve contre le danger qui peut frapper l'un ou l'autre : maladie, chômage, décès d'un conjoint qui laisse des enfants orphelins. Elle prend des formes multiples et est beaucoup plus fréquente dans les familles nombreuses. Plus encore que les fratries de deux, les frères et sœurs forment une petite société dont le fonctionnement préfigure les relations sociales. « La fratrie obéit à des règles qui préfigurent les relations des individus ; elles en sont le brouillon[41]. »

La césure de l'école qui crée pour l'enfant la première séparation de sa fratrie peut permettre de nouvelles relations mais peut surprendre un enfant d'une famille nombreuse. C'est ainsi que Jérôme, quatre ans, quatrième d'une fratrie de six, revient dépité de l'école en disant : « C'est bête à l'école ; ils sont tous de la même taille ; il n'y a pas des grands et des petits, alors, je ne savais pas où aller ! »

* Un monde fermé aux parents

Le groupe fraternel est souvent un monde secret, fermé aux adultes et particulièrement aux parents.
Ceux-ci peuvent bien sûr l'influencer, le manipuler même, mais pas le changer. Par le nombre, il échappe au contrôle des adultes. La petite communauté fonctionne dans la sécurité du compagnonnage, des expériences partagées, se protège ensemble contre les fantasmes angoissants liés à la sexualité des parents ou à leur toute-puissance imaginaire. Le lien qui soude la fratrie peut canaliser des sentiments permanents de rivalité. Il constitue aussi une force, équilibrant les rapports entre le groupe des parents et celui des enfants.
C'est ainsi qu'une fratrie de quatre enfants, entre six et douze ans, en rivalité permanente, apprend de la part des parents la naissance future d'un petit frère. Pendant l'été

41 D. Gayet, *Les Relations fraternelles, approches psychologiques et anthropologiques des fratries*, Delachaux et Niestlé, 1993.

suivant, à grands renforts de chuchotements, de complicité et de secret, ils bâtissent une cabane au fond du jardin et, dans la meilleure entente, fabriquent leur petit frère « en bambou », qui sera présent à la table familiale avant l'arrivée du « vrai » petit frère.

> **Cette situation ludique permet aux enfants d'accepter l'arrivée d'un nouveau petit frère en « jouant », avec leurs moyens, le scénario familial.**

Jeu et humour sont à l'œuvre dans cette période préadolescente. C'est l'époque de la « fratrie magique[42] », qui dans ses meilleurs moments se présente comme unie, structurée, puissante : c'est la fratrie triomphante qui fait pièce au pouvoir des adultes.

* Autonomie et échanges

La famille nombreuse possède un potentiel de valeurs induites.

- **Les enfants sont amenés à être autonomes plus tôt**, avec une éducation collatérale des aînés envers les plus jeunes. Il est vrai que, dans ces familles, les parents traitent souvent les grands comme des partenaires, en leur donnant plus de responsabilités. Cela est parfois mal vécu par les aînés – surtout par les filles – et il faut que ce partenariat ne soit pas imposé mais négocié en le valorisant et en faisant que les grands y trouvent des avantages. Beau-

42 René Kaës, « Le complexe fraternel », *Revue Topiques*, n° 51.

coup de réflexions amères nous sont parvenues. C'est ainsi qu'une aînée de six – elle a actuellement quarante-cinq ans – écrit : « J'ai toujours été la « bonne » de mes frères et sœurs ; je n'ai jamais pu sortir à l'adolescence avec mes amis ; il y avait toujours un enfant à torcher… »

- La vie du groupe familial génère des **échanges diversifiés** et plus riches, une atmosphère plus active et plus vivante. On s'occupe ensemble, on prend l'habitude des discussions entre caractères différents.

- Ce peut être une école plus quotidienne, plus chaleureuse du **sens de l'autre**, dont il faut tenir compte en se laissant sans doute bousculer par ses pairs. Aux parents aussi de savoir mettre des limites sans pour autant privilégier certains.

- La famille nombreuse peut se révéler un lieu où s'éveille plus rapidement et plus profondément **le sens du possible et du partage**.

* Pour réussir une famille nombreuse

Chaque enfant offre aux parents l'opportunité de vivre sa parentalité différemment ; beaucoup de paramètres entrent en considération : les circonstances de l'arrivée, l'enfant lui-même avec ses caractéristiques, ses compétences, etc.

Cependant, certaines conditions semblent indispensables pour réussir une famille nombreuse :

- **La première condition est matérielle**. Il ne faut pas que le nombre apparaisse comme trop oppresseur ou trop frustrant, en diminuant les possibilités d'existence à chacun (logement, travail, loisirs). Dans beaucoup de familles défavorisées, mais pas seulement, l'arrivée d'un énième est une catastrophe. Comment être disponible pour quatre ou cinq enfants, quand l'argent manque, que le logement est exigu et que les fins de mois sont impossibles à tenir ?

> Il est indispensable, même dans les familles aisées, que les restrictions imposées par le nombre soient contrebalancées par des plaisirs : chaleur, solidarité, vitalité et joie de vivre.

- **La seconde condition vient, bien sûr, des parents**. Il faut que ceux-ci soient convaincus de ces plaisirs et en fassent prendre conscience à chacun. Tâche difficile que d'aimer un enfant pour lui-même, de le reconnaître dans son individualité, de l'aimer différemment sans vouloir en faire « un » du groupe, et sans chercher l'égalité. Chaque être est unique ; l'individu prime sur le groupe, et tous les frères et sœurs sont différents. Il est logique que les relations s'établissent sur des comparaisons qui soulignent les différences.

Il arrive que la venue du ou des derniers n'ait pas été programmée ; les parents vieillissant ont alors du mal à faire face à ces nouvelles naissances. Quelquefois, l'histoire fraternelle de ces enfants sera plus difficile.

Dans toutes les fratries, mais encore plus dans les familles nombreuses, chaque enfant doit trouver sa « niche » afin de bien se différencier des autres. Être soi est indispensable à l'équilibre psychique, mais l'être humain fonctionne dans ce paradoxe. « J'ai besoin de l'autre pour exister, j'ai besoin de l'autre pour être moi-même. »

Ce qu'il faut préserver dans les familles nombreuses

Si, par idéologie ou conviction religieuse ou d'autres raisons, certaines familles ont beaucoup d'enfants, il faut :

- **Avoir le souci de faire une place à chacun, ce qui revient d'abord aux parents en les différenciant ; ainsi ils auront la possibilité d'affirmer leur personnalité propre.**
- **Ne pas être obsédé par l'égalité car, de toute manière, on n'est jamais le même parent pour chacun des enfants.**
- **De ce fait, les besoins des enfants sont différents et même si tous réclament tendresse et amour, il faut accepter d'aimer différemment chacun de ses enfants.**
- **Il faut que les enfants aient une connivence et des secrets entre eux ; on doit donc préserver leur intimité sans que les parents y participent.**
- **Pour les aînés, avoir la responsabilité des plus petits peut être valorisant, mais il ne faut pas que cela soit au détriment de leur vie personnelle comme nous l'avons noté dans beaucoup de nos questionnaires.**
- **Pour les derniers qui ont généralement une place de**

choix, il faut néanmoins ne pas leur demander de grandir trop vite, et les parents devront veiller à ce que leurs « besoins de petits » soient satisfaits.

La famille est une minisociété

Une fratrie fonctionne bien lorsque chacun des membres accepte un système de références qui permet à tous de vivre ensemble sans obligatoirement s'entendre très bien. Elle est fondée sur un certain nombre de frustrations acceptées ; elle a besoin de règles qui évitent de se laisser dominer par les pulsions. Cela ne signifie pas que les tensions et les sentiments destructeurs n'existent pas, mais ils sont contrôlés par la loi familiale.

* Autres cultures, autres fratries

Si les fratries fonctionnent ainsi dans le monde occidental, on s'aperçoit qu'elles s'organisent très différemment d'un pays à l'autre. Dans les cultures dites traditionnelles, il y a une infinie variation des modes d'organisation ; les familles y sont nombreuses, et cela se retrouve dans les milieux de l'immigration des pays d'accueil, même après deux générations. Dans certaines sociétés africaines, les enfants peuvent être échangés, donnés d'une famille à l'autre. Les frères et sœurs ne sont pas toujours fixés à un foyer. Une particularité dans certaines sociétés est que le lien de « germanité », c'est-à-dire le lien entre frères, sert d'organisateur social avant le lien de filiation. Les familles d'origine maghrébine ou turque issues d'une certaine culture rurale traditionnelle semblent garder une dimension spécifique où la fratrie joue un rôle prépondérant. Dans les quartiers défavorisés, les « grands frères » paraissent occuper une place cruciale ; les pouvoirs publics, en désespoir de cause, font appel à eux en les introduisant comme agents de régulation et de paix sociale. C'est le mythe des grands frères, gardiens de la cité désertée par la loi. Cette stratégie politique revient à masquer l'appartenance, voire la disparition, de la figure paternelle. Beaucoup se font piéger dans un rôle intenable, entre le marteau et l'enclume, c'est-à-dire entre la population de leur quartier et les institutions. Ne tirant aucunement leur autorité des adultes et de leurs parents, ils ont de plus le sentiment fréquemment exprimé que les cadets leur échappent.

> Tout cela donne aux fratries une autre dimension ; ainsi, certains parents issus de ces sociétés diverses ne vont pas considérer leurs enfants comme une fratrie au sens où beaucoup d'Occidentaux l'entendent. Cela justifiera des positions différentes, des modes éducatifs et des identifications parfois paradoxaux. Les enfants de ces couples auront beaucoup de mal à s'y retrouver, et cela peut être à l'origine de certains troubles de

comportement. Confrontés à des repères identificatoires divergents, ils ne savent plus vers qui se tourner.

Quoi qu'il en soit, si nous élevons nos enfants en partie dans la représentation que nous avons de nos parents et de notre propre fratrie, les adultes ayant grandi dans les familles nombreuses expriment aussi leur vécu et communiquent à leurs enfants leur expérience infantile.

* Qu'en pensent les protagonistes ?

Pour mieux comprendre le vécu des familles nombreuses, un questionnaire a été établi pour les fratries de cinq et plus, et distribué au hasard des rencontres. Les réponses ont été nombreuses, mais elles ne reflètent sans doute pas l'état des familles en France. Cependant, un élément paraît intéressant : beaucoup de mères entre quarante et cinquante ans actuellement ont vécu dans des fratries nombreuses, et elles transmettent à leurs enfants un vécu très différent de celles qui ont été des filles uniques.

> Souvent heureux

Quelques témoignages ont été retenus en privilégiant six fratries dont les âges des enfants sont inférieurs à vingt-cinq ans. Pour ces six familles les plus jeunes, nous avons eu quelques réponses données par les aînés, et aussi des témoignages de leurs parents. Ils disent tous : « C'est super », « On est plus fort », « Même si on se dispute, on s'aime quand même, et les disputes, ça change ». Seule une fille aînée dit « ne pas pouvoir posséder autant de vêtements qu'elle le voudrait » ; cette même jeune fille ajoute qu'elle « a souvent un frère à ses basques », mais qu'elle voudrait « faire un métier qui se rapporte aux enfants ».

Dans une autre famille, deux enfants écrivent : « C'est bien, parce que, lorsque les parents sont en colère, on est plusieurs à être réprimandés. »

Un aîné de cinq écrit : « Un peu de jalousie ; j'ai un peu joué les martyrs. »

Un garçon, aîné de six, qui doit quitter sa famille pour faire des études, s'exprime ainsi : « Ce ne sont pas mes parents que je regrette, mais mes frères et sœurs. »

> Ces familles font partie d'un milieu socioculturel élevé ; ils sont fils de médecins, militaires et enseignants. Il y a une idéologie religieuse forte ; les parents sont eux-mêmes issus de familles nombreuses, sauf l'une où la mère est fille unique et le père n'a qu'un frère.
> Je n'ai pas recueilli de témoignage de familles vivant en milieu rural ou issues de milieux moins favorisés. Dans le travail avec les fratries nombreuses sous protection sociale, on a pu remarquer une grande solidarité entre les frères et sœurs, sans doute à la hauteur des défaillances parentales.

Presque toutes les fratries nombreuses dont l'âge est supérieur à cinquante ans sont ravies et enthousiastes d'avoir

appartenu à ces fratries. Certaines sont fières et heureuses, et plaignent ceux qui n'ont pas eu ce privilège.
Un petit bémol cependant provient généralement des aînées de familles nombreuses : « La famille nombreuse, d'accord, mais quand un nouveau venu vient empiéter le territoire familial, celui-ci se rétrécit, et on a peur de manquer. » (Aînée de sept.)

Une fille, troisième de dix, se dit satisfaite de sa fratrie, mais surtout depuis qu'elle est adulte. « Enfant, j'avais honte quand on se moquait de nous. »
Le manque d'affection et d'attention individuelle a été souligné plusieurs fois, en des termes différents, mais cela a été ressenti par de nombreuses personnes. « J'aurais aimé, certains jours, être fille unique ; la trop grande fratrie me pesait, coincée au milieu de deux frères, j'ai souvent envié les familles de deux, que j'avais en classe et autour de moi. » (Seconde de six.)

Cependant, beaucoup parmi les enthousiastes disent qu'ils avaient des parents très unis, et qui donnaient beaucoup. Le rôle de la mère, généreuse et toujours sur la brèche pour satisfaire tout le monde, est souligné par la plupart.

Certains disent qu'ils ont été satisfaits de cette grande fratrie, mais pensent que c'est un pari fou. Lorsqu'il y a une grande différence d'âge entre les aînés et les derniers, il arrive fréquemment que les plus âgés, surtout les filles, supportent mal de voir leur mère enceinte. « L'arrivée des derniers (fratrie de dix) était pour moi source à la fois de plaisir et de contrariété, gêne devant mes amis d'avoir une mère enceinte, joie d'avoir à pouponner. Cela me donnait le sentiment d'un instinct maternel qui me comblait de joie. »

Une aînée de huit nous dit s'être mariée lorsque sa mère était enceinte (sept mois de grossesse) : « Cela m'a fait bizarre… J'ai eu un enfant quinze mois plus tard. L'oncle et le neveu ont été élevés ensemble comme des frères ; ils s'entendaient bien. » Plusieurs ont signalé cette concomitance entre les naissances des derniers de la fratrie et des premiers de la génération suivante, sans en faire de commentaire.

> Parfois déçus

Parmi les personnes de soixante ans et plus, une seule regrette sans détour sa fratrie nombreuse : « Dixième d'une fratrie de onze, j'ai toujours regretté d'appartenir à une famille nombreuse. Deux familles ont demandé à s'occuper de moi, et à m'adopter ; ma mère a refusé à deux reprises. […] Quand on ne me connaissait pas, je disais être fille unique. » Un élément important de son histoire qui l'a fortement marquée : elle a perdu un frère alors qu'elle avait un an. Elle ajoute : « Ma sœur aînée m'a dit que j'avais pleuré toute la nuit, la veille de l'enterrement, sans explication ; j'étais inconsolable. J'ai eu une maman dépressive… »

On peut comprendre que cette petite fille n'ait pas trouvé son compte dans une famille nombreuse avec une mère dépressive et une grand-mère dont on peut penser qu'elle ne fut pas très chaleureuse avec elle (dans le questionnaire, elle dit que sa grand-mère lui donnait toujours les restants après avoir servi les autres, qu'elle ne l'aimait pas et préférait la dernière).

Dans une famille de douze (entre trente-cinq et cinquante-cinq ans), les avis divergent totalement. L'aînée semble satisfaite ; elle se dit contente de sa position, même si elle ajoute : « Il fallait toujours s'occuper des petits. » La quatrième pense de même mais dit surtout que cela est bien à l'adolescence : « Nous avions des secrets entre nous et une grande complicité. » Un cinquième pense qu'au bout de trois ou quatre enfants, il y a des tensions, qu'il faut beaucoup de moyens, ce qui n'est pas toujours le cas. Le second garçon de cette même famille dit avoir beaucoup souffert dans cette nombreuse fratrie. « Il y avait des places privilégiées ; je n'en faisais pas partie, je pensais que j'étais adopté. » « Quand j'avais treize ans, dit un autre, j'étais révolté et j'avais honte d'avoir encore une sœur, et je n'ai pas voulu la regarder. » Quant à la dixième, elle parle abondamment de sa souffrance à trouver sa place dans la fratrie. Insatisfaite, « les aînés étaient privilégiés, le troisième préféré de ma mère, le neuvième du père », elle parle du sentiment confus d'être de trop, soumise à la loi du plus fort, pas du tout protégée par les parents : « Trois ou quatre enfants c'est le maximum, le grand nombre évoque un côté animal, déshumanisé, de ces luttes pour exister. »

> **Effectivement, quand les enfants ont le sentiment que les parents ne peuvent pas jouer leur rôle de « contenant », ils trouvent difficilement leur place, et c'est un peu « la lutte dans la jungle ». À l'inverse, quand les**

parents construisent d'abord un cocon familial, c'est un endroit où on se sent bien… « Baigné de l'amour de maman, même si c'était un peu difficile, nous n'avons pas manqué ni de pain, ni surtout d'affection, et c'est l'essentiel. » (Deuxième d'une famille de neuf.)

* Fratrie nombreuse à l'adolescence

Dans une fratrie de huit, deux de ses membres signalent d'une manière un peu différente, tout en soulignant la bonne entente, que le passage à l'adolescence a pu être un peu difficile. « Nous étions trop bien à la maison. Le cocon familial, c'est chaud, confortable, indispensable, mais il faut savoir en sortir pour se construire soi-même ; cela n'a pas été facile à l'adolescence, manque de communication avec les parents dépassés. »

« À l'adolescence, écrit un homme de quarante-cinq ans, on ne pouvait pas s'affirmer différemment ; c'était le lot, et les parents, bien que proches, étaient trop occupés. » (Fratrie de six.)

« Heureusement qu'autrefois, dit une femme de soixante ans (deuxième de sept), on se posait moins de questions que maintenant. S'il y avait eu des difficultés à l'adolescence, on n'aurait pas su y faire face. »
Cette difficulté à sortir du clan familial est mentionnée par plusieurs.
Le dernier garçon, quarante-huit ans, d'une fratrie nombreuse, écrit : « Jamais je n'ai regretté d'appartenir à une

famille nombreuse ; le seul bémol que je mettrais, c'est le côté « clan », qui nous empêchait, avant dix-huit ou vingt ans, d'aller voir ailleurs ce qui se passait. Les flirts notamment ne pouvaient être que des copines des sœurs... Ça freine un peu... »

D'autres personnes mentionnent les difficultés à l'adolescence. « Nous avons eu des parents généreux, mais les choses se sont gâtées à l'adolescence. Avoir cinq enfants entre treize et dix-sept ans, lorsque chacun cherche son territoire, ce n'est pas facile. [...] L'éducation était trop éloignée de nos préoccupations à l'adolescence. Ayant été en pension, il n'y avait pas de vraie vie de famille, pas de discussion, ni de dialogue avec les parents, sauf pendant les vacances. »

* Comment est vécue l'arrivée des puînés ?

Ces fratries ont vu naître plusieurs frères et sœurs. Tous ou presque sont heureux de raconter en détail ces arrivées. « On était heureux ; cela nous valorisait. » « On faisait la fête. » « On était fier de dire à l'école qu'il y avait un nouveau-né à la maison. »

> Comme une fête

Certains aînés racontent avec beaucoup de détails l'arrivée de tous leurs frères et sœurs, à partir du moment où – généralement à cinq ou six ans – ils s'en souviennent. « Il y avait une excitation. On préparait le berceau avec des nœuds bleus et blancs ! »

> Comme une nouvelle responsabilité

Parfois, dans l'enthousiasme, pointe une ambivalence. Une aînée de neuf dit : « J'étais contente de l'arrivée de mes frères et sœurs parce je me sentais responsable auprès de maman. J'avais le sentiment qu'il fallait garder les plus jeunes. Cependant, à la naissance du huitième, j'ai dû passer dix jours chez une tante religieuse avec ma petite sœur de trois ans qui faisait beaucoup de caprices, cela n'a pas été un bon souvenir... »

> Comme une menace ou une fatalité

Enfin, l'arrivée d'un nouveau bébé peut être vécue comme une crainte d'abandon. « Mes parents m'ont mise à l'école à l'époque de la naissance de mon frère, j'avais six ans. Je l'ai très mal supporté, pensant que mes parents voulaient se débarrasser de moi. »

« J'avais neuf ans quand le cinquième est né ; c'était le jour de ma fête ; j'étais oubliée. Je suis allée à l'hôpital voir le nouveau-né, mais j'en ai voulu à ma mère. Pour effacer ce ressenti douloureux, j'ai cru bon, adulte, de rappeler l'événement à mon frère sur un ton plaisant pendant plusieurs années. »

Parfois, les arrivées des plus jeunes sont vécues comme des fatalités : « C'était comme ça ; il y en avait chaque année ! » (Six enfants en huit ans.)

« C'était répétitif, dit un garçon, donc on ne se posait pas de questions. »

« Quatrième d'une fratrie de sept, j'ai le souvenir de la naissance des deux derniers ; aucun enthousiasme pour le dernier, une curiosité insatisfaite pour l'avant-dernier. »

> **Comme un mystère**

« À huit ans (troisième de six), maman me lave et me dit qu'elle attend un enfant. Je demande alors comment on reconnaît un garçon d'une fille, en regardant le berceau que je revois très bien. Elle a ri et n'a rien répondu. J'ai le souvenir d'une blessure et d'une incompréhension… »

Une aînée de huit ans demande à sa mère comment viennent les enfants. La mère lui répond : « C'est le Bon Dieu qui les envoie. – Par où, par la cheminée ? – Non, directement dans le berceau. » « Je n'ai pas reposé de question avant longtemps… »

Comment les mères justifient-elles toutes ces naissances à leurs enfants ?

« Ma mère – j'avais vingt ans – m'a dit : *Je ne pouvais pas me refuser à ton père.* »

Une autre, d'une fratrie de sept : « Le Bon Dieu a besoin de saints. »

Une troisième : « Nous avons été élevés ainsi ; ton père n'aurait pas compris de ne pas avoir sept enfants comme ses parents. »

Une deuxième d'une fratrie de huit écrit que sa mère lui avait dit : « Je n'ai pas toujours pu faire ce que j'ai voulu dans ce domaine. »

Une septième a demandé également à sa mère pourquoi elle avait eu autant d'enfants, mais cela beaucoup plus tard, quand elle-même était mère de famille : « Il n'y avait pas de contraception à ce moment-là, sinon tu ne serais pas là, et ton frère avant toi non plus. »

* Que penser du partage ?

Dans 80 % des réponses, le partage est une notion fondamentale, indispensable et revendiquée : « C'est le seul mot important de notre enfance » ; « l'élément primordial dans l'éducation ». « Oui, cela reste une valeur dominante pour moi aujourd'hui », « utile pour l'avenir, mais parfois difficile », « penser aux autres, cela paraît normal, et c'est dans l'enfance que cela doit être inculqué ».

Dans les 20 % de réponses qui ne sont pas enthousiastes, on peut relever plusieurs propos sur l'injustice :
« Le partage ? Oui, mais pas équitable. »
« Il est souvent imposé. »
« Parfois sans envie, je partageais pour me faire aimer. » (Deuxième d'une fratrie de dix.)
« Ce mot, pour moi, écrit une troisième d'une fratrie de cinq, équivaut à une injustice. »
« Je n'ai pas le souvenir du mot partage dans mon enfance, mais j'ai toujours eu horreur de partager mes affaires avec les autres. »
« C'est contre nature. »
« Le partage, c'est injustice et souffrance ! » (Aînée de huit.)

« Le partage, c'est donner plus à certains ; j'ai eu mon premier pantalon neuf à dix-sept ans !... »
« Je n'ai pas entendu parler de partage, malgré une fratrie de sept. J'entendais plus le mot sacrifice... » (Aîné de sept.)
« Pour moi, cela évoque ce que j'ai partagé avec mes frères et sœurs aînés à l'adolescence, mais c'étaient des choses difficiles, car il y avait un climat conflictuel, bloc des enfants contre bloc des parents. »

En fait, il y a cinq ou six personnes pour lesquelles le mot « partage » évoque celui de l'amour des parents, et plusieurs indiquent que c'est une chose difficile : « Le manque d'intimité entre soi et les parents rendait la vie difficile à six. » « Comment partager des parents quand on est jeune, et qu'on les veut tout pour soi ? » (Deuxième de huit.) « Si on partageait individuellement, c'est plus difficile de le faire sur le plan de l'amour, et là, c'était très inégal du côté des parents. » Il est à noter encore cette fois que ce sont les plus jeunes des fratries nombreuses (autour de trente-cinq ans) qui se plaignent davantage de frustration parentale.

* Le rôle de la religion et de la spiritualité

Religion et spiritualité ont marqué la plupart des familles nombreuses. Beaucoup en parlent en termes élogieux et pensent que cela a été le ciment de leur union. Une petite minorité cependant l'a vécu comme une contrainte, même s'ils ne se sont pas posé la question dans l'enfance, « parce que c'était comme ça », « dans mon entourage, on était très pratiquant ».

Enfin, quelques-uns uns parlent d'hypocrisie, de difficultés à s'en débarrasser : « Pour moi, la religion, c'était le péché mortel ; j'avais peur. »

« Nos parents ne nous ont jamais rien expliqué ; il fallait suivre comme des moutons ; à l'adolescence, c'était insupportable. »

Y a-t-il des places privilégiées ?

Généralement, les places des derniers, dans 60 % des cas, sont désignés comme les meilleures places, mais cela, par les autres membres de la fratrie. Seuls 20 % des derniers se trouvent privilégiés. Une huitième écrit : « J'étais la chouchou, la 'Poupette', avant de devenir la reine. Les aînés m'ont ouvert tous les chemins. » Cette position pour les derniers est bien acceptée par tous : « Mon petit frère était le préféré des parents, mais c'est bien normal, il était à protéger, car prématuré ; pas l'ombre d'une jalousie, même s'il est devenu en grandissant un peu tyrannique. » On voit, dans ces propos, poindre la dénégation et l'ambivalence.

Quelquefois, la jalousie et la frustration sont plus directement avancées : « Pour le premier, j'étais contente ; j'avais six ans. Ensuite trois autres ont suivi à un an d'intervalle ; ceux-là, je ne les ai pas acceptés, d'autant que la dernière a toujours été privilégiée ; je lui en veux encore. » (Femme de quarante ans.)

Quatrième d'une fratrie de cinq, une fille écrit : « La petite dernière a été très enviée. Je faisais partie des petits, mais cela n'était jamais assez pour bénéficier des privilèges de la dernière. »

Il est à noter que dans les réponses de la même fratrie, ce sont souvent les aînés (un, deux, trois), qui pensent qu'il y avait une place privilégiée ; les autres ne le signalent pas ou disent que c'était indifférent.

Plusieurs réponses indiquent le privilège donné aux garçons ; évidemment, ce sont des réponses féminines. Dans les fratries qui comportent une fille au milieu des garçons, cette dernière se plaint très souvent. L'une, qui cumulait d'être l'aînée et seule fille, rapporte : « Mes parents considéraient que je n'étais là que pour les aider. Ils ne m'ont pas valorisée ; je n'avais pas besoin de faire des études, surtout que mon frère cadet était très brillant et satisfaisait mes parents. »

« L'arrivée des garçons était saluée toujours avec beaucoup de plaisir par les parents. Nous étions deux filles aînées et quatre garçons par la suite. À la naissance du dernier, j'aurais voulu avoir une sœur, et ma mère m'a dit : *Le Bon Dieu a bien fait les choses ; c'est mieux pour ton père…* »

Parmi les privilégiés qui ne sont ni les aînés ni les derniers, il y a parfois un cadet garçon venu après une fille, sage ou plus brillant. Ou bien encore un sexe différent après une série semblable ; c'est le cas d'une fille après trois garçons : « Mes parents étaient très sévères, sauf avec la fille ; c'était la chouchou. »

Les garçons ont très peu parlé de privilèges ou de différences. D'une manière générale, ils sont satisfaits de leur place, même les aînés, et lorsqu'ils sont « noyés » dans un lot de filles, ils disent être contents. Un garçon parmi six filles écrit : « J'étais presque au milieu de six filles (quatrième sur sept), mais la place n'était pas désagréable. Parfois, j'étais le chef, sauf avec ma sœur aînée qui était autoritaire. »

Dans plusieurs fratries, lorsque la différence d'âge est importante entre l'aîné et le ou les derniers, beaucoup expliquent que ceux-ci sont peut-être élevés moins sévèrement, mais qu'ils bénéficient de moins d'attention de leurs parents. Parents vieillis, fatigués, ils ont moins d'énergie pour s'occuper des derniers. Cela a été noté dans les mêmes fratries, aussi bien chez les aînés que chez les plus jeunes.

Un garçon, dernier d'une fratrie de sept, ayant trente-cinq ans, écrit : « J'avais une mère de quarante-deux ans à ma naissance, et un père de cinquante ans. On prenait mon père pour mon grand-père ; ma mère restait toujours jeune, mais elle n'était plus dans le coup, surtout à l'adolescence ! » On peut penser effectivement qu'à plus de quarante ans, il faut beaucoup d'énergie, de volonté, d'envie, pour retrouver le plaisir d'investir un bébé, quand on a commencé à être parent à vingt ans !

* La place de l'aîné

C'est une place parfois enviée mais toujours difficile. Cela a été noté par la quasi-totalité, aussi bien par les plus jeunes que par les aînés eux-mêmes.

Reviennent souvent les expressions « ils essuient les plâtres », « c'est un brouillon », « les parents sont très exigeants », « ils ont été sacrifiés », etc. Même s'ils ont été valorisés par certains, « ma sœur aînée m'a beaucoup aidée, surtout à l'adolescence, c'était ma conseillère, ma confidente ; je n'aurais pas voulu avoir sa place. »

Une sixième écrit : « Elle était le tampon entre les parents et nous. Du haut de ses quinze ans, elle régentait tout ; elle avait beaucoup d'influence, même sur nos parents, pour notre éducation ; je l'admirais beaucoup. »

Seules les places d'aîné pour les garçons sont enviées par les plus jeunes. Un garçon, troisième d'une fratrie de onze, écrit sans ambages : « Tout pour mon frère aîné, rien pour les suivants. » Dans cette même famille, l'aîné s'exprime ainsi : « J'avais une place difficile, car on s'attendait toujours à ce que je donne l'exemple ; cette position était lourde, mais peut-être structurante. »

Dans les familles où les aînés sont privilégiés, ce sont les fratries dont l'âge est inférieur à quarante ans qui supportent moins bien ce privilège… On peut penser que leur souvenir est plus récent.

Une femme de trente-neuf ans, deuxième de six, dit : « Je ne me suis pas très bien entendue avec ma sœur aînée ; elle pensait avoir un rôle de grande, surtout quand nous étions en pension ; elle prétendait qu'elle avait une certaine responsabilité vis-à-vis de moi au regard des parents ; responsabilité que je lui ai toujours refusée. »

Une autre, deuxième de sept, relate : « L'aînée était la préférée de ma mère ; elle était parfaite, travaillait bien en classe ; cela m'énervait ! »

En règle générale, quand ils l'expriment, il y a plus d'insatisfaction que de satisfaction pour les plus jeunes, par rapport aux aînés : « Il faut être toujours soumis quand on est enfant. » « Je me suis souvent révoltée contre ma sœur aînée, mais maintenant que je suis mère à mon tour, j'ai compris… »

Plusieurs ont pu signaler des difficultés relationnelles avec les aînés qui se sont résorbées à l'adolescence et aussi à l'âge adulte : « Très en conflit enfant avec l'aînée, nous sommes maintenant les meilleures amies du monde ! »

* Les aînés vus par eux-mêmes

La place de l'aîné est rarement satisfaisante. Quelques réponses cependant dans un sens positif : « Ma place était sans doute privilégiée ; mes parents m'ont toujours aidée à m'épanouir dans mon rôle d'aînée. Aînée de huit, j'aimais beaucoup m'occuper des enfants, et j'ai apprécié la responsabilité que me donnaient mes parents. »
Une autre aînée de huit, marocaine, écrit : « J'étais la préférée de mon père, et aussi l'alliée de ma mère. Il fallait beaucoup aider et même souvent suppléer les parents ; c'est un rôle qui m'a pesé un peu mais, dans notre milieu, c'était indispensable, et je ne l'ai pas mal vécu. »

Cependant, dans 90 % des cas, les aînés ne sont pas satisfaits de leur position ; certains en ont beaucoup souffert ; d'autres, sans parler de véritable souffrance, ont exprimé leurs sentiments dans ce sens : « Très difficile à vivre », « Sois raisonnable », « Cède », « Tu es l'aînée, montre l'exemple ! »
« Place pesante, lourde à porter ; on se sentait coupable de ne pas en faire assez. » (Aînée de sept.)
« Les parents étaient souvent fatigués, et il fallait seconder ma mère. »

Un homme de quarante-deux ans, aîné de cinq, nous écrit : « J'étais le préféré, mais c'était une situation à long terme très malsaine ; il y avait des relations humaines non assumées, et des secrets de famille que j'étais seul à connaître. »
Il ajoute : « Il y avait manipulation affective de ma mère, avec conséquences négatives sur les autres. »

« Ma mère n'ayant jamais accepté ma naissance, ma place de fille aînée a été impossible. J'avais deux frères après moi, qui m'ont supplantée. J'en ai beaucoup souffert, et je n'ai pas encore réglé mes problèmes, ni avec ma mère, ni avec mes frères et sœurs, sauf avec le dernier qui a mieux compris. » (Femme de quarante ans, aînée de cinq.)

« Née avant la guerre, en 1938, je suis restée seule assez longtemps. En 1944, au retour de mon père, prisonnier de guerre, cinq autres enfants sont venus troubler la quiétude familiale. J'avais un rôle d'aînée, valorisé par ma mère, mais j'en ai souffert, car j'étais un peu une étrangère aussi bien pour mon père qui ne m'avait pas connue, que pour mes frères et sœurs, qui ne me considéraient pas comme de leur famille ; cela s'est arrangé par la suite… »
En réalité, beaucoup d'aînés, surtout les filles, expliquent leur souffrance par l'obligation du devoir. Certaines disent l'avoir bien supporté, et quelques-uns pensent qu'avec le recul et le temps, cela a soudé leurs liens avec leurs frères et sœurs.

* Satisfaits ou non ?

Si les places dans les fratries sont généralement considérées comme satisfaisantes dans 60 % des cas, beaucoup disent qu'ils ne se sont pas posé la question, puisqu'ils n'avaient pas le choix, que le hasard a fait plus ou moins bien les choses.
Cependant, certains ont exprimé leurs insatisfactions : « Les places étaient souvent inconfortables suivant les humeurs des parents. Heureusement, ça changeait, mais nous étions

tous quand même catalogués : les plus intelligents, les plus travailleurs, les plus sensibles, les plus affectueux. » « Tout cela, dit cette même personne, cachait les préférences des parents qu'ils n'osaient pas exprimer. » (Fratrie de dix.)

> Plusieurs fois soulignées, les places des garçons paraissent plus satisfaisantes aux yeux des filles.

Cependant, un homme de cinquante-deux ans, sixième d'une fratrie de huit, écrit longuement : « Nous étions trois enfants « Ogino », nés en trois ans ; nous étions confondus, une sorte de groupe des petits. Dans ce groupe, il y avait un rigolo, toujours devant, un effacé, moi, et une petite dernière, jusqu'à l'arrivée de l'accident, sept ans plus tard. Ma place était la plus mauvaise. J'ai toujours souffert de la place que prenait mon frère plus grand dans l'attention de ma mère. J'ai gardé une rancune tenace envers mes frères et mes parents… »

Laissons terminer un membre d'une fratrie de neuf : « Nous avons vécu dans notre fratrie quelque chose d'assez exceptionnel : une attache viscérale indescriptible, avec un bonheur peu commun de nous retrouver. J'ai l'impression qu'ils font partie de moi, et jamais je n'aurais pu bâtir ma vie d'adulte en les occultant. […] Nous avons appris l'amour, le partage, la tolérance, le respect des autres, valeurs que nous transmettons à nos propres enfants. Nos parents sont partis en laissant comme héritage l'union fraternelle très forte qui nous unit. »

Sept membres de cette fratrie ont écrit longuement en n'occultant pas les conflits, les difficultés et les rancunes qui ont émaillé leur vie quotidienne.
« Entre nous, frères et sœurs, nous appelons le temps de notre enfance *les années bonheur.* »

* Famille nombreuse et relation parentale

Très massivement, la fratrie semble être une aide à la relation parentale. Quelques personnes pensent que cela a été indifférent. Enfin une petite minorité, celle qui a précisé avoir du mal à partager les parents, semble dire que le trop grand nombre l'a gênée.

Plusieurs réponses sont résumées par cette phrase : « Cela m'a parfois gêné du fait de cette nombreuse fratrie ; il y avait un manque de disponibilité des parents, surtout du point de vue affectif. Il fallait aussi partager leur affection ; ce n'était pas chose facile. Pouvaient-ils donner plus ou en attendais-je trop ? »

Les enfants de familles nombreuses deviennent-ils toujours les parents d'une grande fratrie ?

« Voulez-vous avoir autant ou moins d'enfants que vos parents ? Y a-t-il un nombre idéal ? »

Un petit nombre, 30 %, dit ne pas s'être posé la question pendant l'enfance, surtout les garçons, car la parentalité est pour beaucoup associée à la maternité, ce qui en fait une affaire de femmes.
Trois personnes seulement ont souhaité ne pas en avoir, sans préciser les raisons de leur choix et sans dire si cela a été le cas.
La grande majorité pense avoir moins d'enfants que leurs parents, cependant ils disent souvent vouloir deux ou trois, voire quatre enfants pour quelques-uns.

Dans notre étude, relayée par les études sociologiques, **ce sont les aînés qui ont les familles les plus nombreuses**. On pourrait penser que ce sont eux qui ont « pâti » le plus de la grande fratrie, mais sans doute, dans le jeu de leurs identifications aux parents, se moulent-ils mieux à la norme parentale. Certains – un petit nombre – ont souhaité avoir autant d'enfants que leurs parents ; ils ont parfois réussi ; d'autres non, comme cette aînée de cinq qui dit qu'elle avait voulu avoir autant d'enfants que ses parents mais qui en a trois de plus.

La majorité compte deux ou trois enfants. Deux familles ont le regret de n'en avoir qu'un. Et une aînée a dû adopter, ne pouvant en avoir.

Le deuil dans la petite enfance

Certains parlent d'un grand-père ou d'une grand-mère proche, et tous font le lien avec la réaction de leurs parents à ce deuil. « Ma mère a perdu sa mère quand j'avais trois ans ; je ne m'en souviens pas, mais elle m'en a tant parlé que je crois l'avoir connue. »

On note souvent des naissances concomitantes – ou presque – avec la mort d'un grand-parent. L'une écrit : « Mon grand-père est mort au moment de ma naissance. Je me suis appelée Louise, parce que Louis était son nom ; je n'aime pas mon prénom, cela m'a pesé longtemps ! »

Une autre jeune femme d'une fratrie de huit a perdu un frère quand elle avait quatorze ans : « Cela a bouleversé ma vie ; après le décès de mon frère, je ne voulais plus voir personne. Cela a modifié la relation avec mes parents, car on n'en parlait pas, de peur de se faire mutuellement de la peine… »

Le silence est malheureusement souvent la réponse au deuil qui frappe les familles. Or, il est au contraire sain d'en parler, et de pouvoir partager sa peine.

Plusieurs personnes notent le silence autour des deuils dans leur enfance. « J'avais cinq ans lorsque j'ai perdu un frère d'un an : un grand silence, le non-dit. »
« À cinq ans (deuxième d'une fratrie de six), j'ai perdu un frère. J'ai entendu les cris de mes parents, qui venaient de découvrir mon petit frère mort dans son berceau, et je ne l'ai jamais oublié, bien que je n'aie pas compris ce qui s'est passé. » Ce qui est un peu étrange, c'est que cette personne raconte aussi la naissance de son petit frère, quand elle avait huit ans : « Il est né dans la nuit ; mon père étant absent, ce fut l'affolement. J'ai entendu des cris, puis le silence, et on m'a dit qu'il était né… » Espérons que cette femme n'ait pas fait, dans son inconscient, le lien entre les cris à la mort du premier frère, et la naissance de l'autre !

Un autre témoignage de silence autour d'une mort familiale : « Le seul deuil qui m'ait frappé dans mon enfance, c'est celui qu'on m'a caché pendant six mois, le frère de maman. J'avais onze ans, et j'étais en pension avec deux de mes frères aînés. Mes parents sont venus les chercher en cachette pour les emmener à l'enterrement, sans rien me dire, bien que je m'en sois rapidement aperçu. C'était une mort honteuse, car le résultat d'un suicide. Je l'ai appris cinq ou six ans après. Suicide – cachette – mort ; cette séquence m'a longtemps hanté, et continue encore… »

Il n'est plus besoin d'insister pour savoir que ces secrets cachés aux enfants sont souvent très lourds à porter, aussi bien pour les parents, qui ne le disent pas, que pour les enfants qui toujours subodorent quelque chose.

> Tout ce qui concerne les enfants doit leur être dit, particulièrement les deuils pendant leur enfance ou même avant leur naissance. Cela doit être fait simplement au moment des événements, même s'ils n'en comprennent pas toujours le sens exact. La vie est faite de souffrances, de joies, de peines. Mais dire ce qui les concerne ne signifie pas tout dire, et il faut bien faire la différence entre ce qui appartient aux parents – leur vie privée – et ce qui appartient aux enfants et qui est important pour leur développement…

Deux personnes nous ont fait part de la vérité biologique d'un de leurs membres, qui ne correspondait pas à la vérité légale. L'une, l'aînée, écrit : « J'ai très vite compris dans ma petite enfance que je n'étais pas la fille de mon père ; cela m'a été suggéré par ma grand-mère, et ce n'est qu'à quatorze ans que j'en ai eu la confirmation par ma mère. » L'autre, dernière d'une fratrie de cinq, écrit : « Nous étions cinq (trois filles et deux garçons). Ma sœur aînée était d'un père différent. Ma deuxième sœur me l'a appris lorsque j'avais environ huit ans. » Elle précise : « À ce moment-là, il m'a semblé qu'elle ne m'apprenait rien, comme si je l'avais toujours su. En effet, cela n'a rien changé. »

Enfin, dans une fratrie nombreuse (dix enfants), deux membres de cette famille parlent des « fausses couches » de leur mère. Un garçon écrit : « Il n'y a pas eu de frères et sœurs décédés dans ma famille, mais maman nous parlait souvent de ceux qui auraient dû être là, sans parler de ses fausses couches. J'ai toujours été frappé par ça, non pas par celui qui aurait dû être là, mais plutôt par le fait que le suivant avait pris la place d'un autre. » Dans la même fratrie, une sœur aînée en parle aussi : « Pour moi, le plus difficile a été les nombreuses fausses couches de ma mère. C'était angoissant, parce que ma mère me demandait d'être très présente auprès d'elle (pas auprès de mes frères et sœurs)… » On peut se demander si ces fausses couches qui relèvent de la sphère privée doivent être abondamment commentées aux enfants…

La mort dans les familles nombreuses est un traumatisme, comme dans toutes les familles, mais son impact sera différent selon chaque place et chaque histoire personnelle. Il dépend aussi de la réaction des parents.

En définitive, appartenir à une famille nombreuse procure beaucoup de joies mais aussi beaucoup de contraintes. Si chacun a la capacité de trouver sa place en respectant celle des autres, le pari peut être gagné.

Chapitre VII

DÉCÈS PRÉCOCE DANS LA FRATRIE

Un vécu partagé dans la fratrie, qui pèse parfois lourdement sur leur destin, est la mort d'un de ses membres. Cela bouscule considérablement la famille et particulièrement les frères et sœurs survivants.

Le deuil du frère

Dans l'histoire ou la littérature, nous en avons de nombreux exemples : Ludwig van Beethoven, Vincent Van Gogh, Salvador Dali. Jean Guyotat travaille depuis longtemps sur le problème de transmission. Il évoque la vie de Salvador Dali. Ce couple mort-naissance est associé chez ces personnes à l'hyper investissement des coïncidences, des anniversaires, soit dans la vie familiale, soit dans la vie individuelle. « Autour de cette coïncidence se développe la magie, la télépathie, la prémonition parfois délirante, comme dans la psychose[43]. »

Dans le roman *Le Premier qui dort réveille l'autre*[44], Jean-Edern Hallier propose une vision poétique des fantasmes vécus dans sa relation avec un frère aîné, mort d'une tumeur au cerveau. Les jeux, la rivalité, la domination, la culpabilité et l'identification, allant jusqu'à la fusion où se réalise une complémentarité totale : « Aubert, frère qui resta petit, pendant onze ans qu'il vécut, je ne fus pas Paul, mon nom, mais Aubert. La vie eut pour moi son visage, son pouvoir d'attraction, tour à tour radieux et assombri par la maladie. Je fus même si éperdument Aubert, que je manquais souvent de basculer au point de me perdre en son propre gouffre, irrésistiblement atteint par le vertige de son propre mal… »

---

43 Jean Guyotat, *Mort, naissance et filiation*, Masson, 1980.

44 Jean-Edern Hallier, *Le Premier qui dort réveille l'autre*, Grasset, 1997.

> **Un enfant mort avant la naissance du puîné peut grever l'avenir psychologique de celui-ci ; il est vécu par les parents comme « enfant de remplacement » ou de substitution. Ce rôle qui lui est assigné, même involontairement, le rendra porteur de cette mission.**

* Vincent et Théo Van Gogh

L'histoire de Vincent Van Gogh est tout à fait tragique. Van Gogh naît le 30 mars 1853, un an jour pour jour après la naissance et la mort de son frère aîné Vincent. Il aura six frères et sœurs, dont Théo, prénom de leur père, le frère préféré. Les prénoms dans cette famille, comme dans beaucoup d'autres, sont transmis de père et oncle, à fils. Vincent a un oncle également prénommé comme lui. Van Gogh a été conçu trois mois après le décès du premier Vincent, dans une période de deuil. La mort de celui-ci n'est pas évoquée directement, mais toujours en filigrane, dans les lettres de Vincent à Théo ; il est hanté par son aîné, et croit souvent le voir se manifester à lui.

Maurice Porot et Jacques Miermont[45] insistent sur l'importance du rituel mortuaire. Chaque dimanche, enfant, Van Gogh passait devant la tombe du petit Vincent en allant écouter son père, pasteur calviniste, prêcher dans l'église. Au milieu du cimetière, il pouvait voir inscrit son propre nom, et presque sa date de naissance… « Bien plus que la transmission du nom, coutume dans cette famille, ce sont

45 Maurice Porot, Jacques Miermont, « Ludwig, Vincent et Salvador ou la mort saisie à vif », *Annales médico-psychologiques*, n° 3, 1985.

les rites et l'hommage rendu au frère aîné, qui ont pesé lourdement sur le peintre[46]. »

Les relations entre Vincent et son frère Théo sont complexes : correspondance durant dix-huit années, et la dernière lettre, datée de juillet 1890, Van Gogh la portait sur lui au moment de sa mort. « Sans lui, écrit Vincent, je n'aurais pas survécu. » Cela ne l'a pas empêché de se suicider… Il entretient une correspondance suivie : « Entre frères, il n'y a pas de secret. » L'annonce du mariage de Théo provoque un choc chez Vincent ; il se tranche l'oreille, se châtre symboliquement. Lorsque Théo et sa femme Jo apprennent qu'ils attendent un enfant, ils demandent à Vincent d'être le parrain, en lui proposant de donner à l'enfant son prénom. Mais Van Gogh leur suggère de le nommer Théo, comme leur père… Le petit Vincent naît le 31 janvier 1890. En juillet, pensant être une charge pour son frère, il se tire une balle dans la tête et meurt le 27 juillet 1890. Théo perd la raison ; hospitalisé en clinique psychiatrique, il meurt en janvier 1891 ; il n'aura survécu que six mois à son frère. « Vincent Van Gogh a remplacé son frère mort, et le petit Vincent devait le remplacer. Il n'y avait donc plus de place pour lui[47]. »

* Salvador Dali

Salvador Dali a témoigné de l'importance du traumatisme ressenti comme enfant de remplacement[48]. Il a eu un frère

---

46 Sylvie Angel, *Des frères et sœurs*, Robert Laffont, 1996.

47 Sylvie Angel, *Des frères et sœurs*, Robert Laffont, 1996.

48 Salvador Dali, *La Vie secrète de Salvador Dali*, La Table Ronde, 1952.

avant lui, mort à vingt-trois mois. Il est né neuf mois et onze jours après que son frère aîné Salvador est décédé : « Moi, j'ai connu la mort avant la vie. Désespérés, mon père et ma mère ne trouveront de consolation qu'à mon arrivée au monde… Dans le ventre de ma mère, je ressentais déjà leur angoisse[49]… »

Il explique que son frère a toujours « habité en lui », et a présidé à toute son œuvre : « En naissant, j'ai mis mes pas dans les pas d'un mort adoré, qu'on continue d'aimer à travers moi, davantage encore peut-être. »

En définitive, pointe une souffrance de mal-aimé : « J'ai appris à vivre en remplissant le vide de l'affection qu'on ne me portait pas vraiment[50]. »

Enfant seul ou enfant de remplacement

Il arrive que certains parents donnent le même prénom à l'enfant suivant, ce qui était autrefois le lot commun quand, dans une famille, la mortalité infantile était considérable.

49 Salvador Dali, *Journal d'un génie*, La Table Ronde, 1964.
50 Salvador Dali, *Comment on devient Dali*, présenté par A. Parmaud, Robert Laffont, 1973.

Il y a une centaine d'années, cela était fréquent. Tous ceux qui survivaient étaient des enfants qui avaient eu des frères ou des sœurs morts avant et après eux. C'était l'habitude, et les familles devaient s'en accommoder.

Actuellement, il y a peu de morts en bas âge, sauf dans le cas de la mort subite du nourrisson, qui a heureusement beaucoup diminué ces dernières années. Cela a modifié considérablement nos comportements et la représentation de la mort des enfants. Le deuil d'un enfant est vécu comme une catastrophe pour les parents d'abord, mais aussi pour les autres, et une hypothèque pour l'enfant à venir.

* La question du prénom

Si les parents donnent le prénom de l'enfant décédé à l'enfant vivant, il y aura dans leur tête un risque de confusion qui pourra être transmis à cet enfant. Souvent, les parents ajoutent le prénom de l'aîné en second lieu, comme s'ils voulaient garder le souvenir vivant, et parfois, ils l'utiliseront dans l'intimité familiale. Ainsi, je connais une famille où cela était une habitude de la mère, pendant les moments d'intimité. Invitée par une amie qui s'appelle Hélène, j'ai pu remarquer qu'à certains moments sa mère l'appelait Monique ; cela n'avait pas l'air de gêner Hélène, mais m'avait troublée, et plus tard, je lui en avais demandé l'explication. Elle me raconta alors comment sa mère avait perdu, avant sa naissance, une petite fille prénommée Monique. Cela l'ennuyait beaucoup de se faire appeler Monique devant des étrangers, elle en avait honte.

Une puéricultrice d'une trentaine d'années a relaté une histoire semblable ; elle avait, à l'âge d'un an, perdu une jumelle, et sa mère, depuis, avait accolé le prénom de sa sœur au sien, et dans la famille, elle était ainsi prénommée d'un double prénom.

Cette mission de substitution est d'autant plus lourde à tenir que l'enfant restera seul. Dans nos rencontres d'enfants uniques ou devenus uniques, cela a été noté plusieurs fois : « Je demandais à toute force un frère pour remplacer celui qui était mort à la naissance avant moi. » « J'ai tout fait pour être comme ma sœur aînée morte à dix ans, dont on m'a vanté les mérites, mais que je n'avais pas connue, parce que j'avais dix-huit mois. »

* La perte d'un premier enfant

La perte d'un premier enfant constitue pour la mère une terrible épreuve narcissique, qu'une nouvelle grossesse viendra réparer ou nier. Il est souhaitable que des parents ne se précipitent pas pour avoir à nouveau un enfant, mais souvent, la perte peut inciter un couple à effacer le drame, et vouloir recommencer rapidement. Cela se retrouve aussi après la mort d'un enfant chez des parents qui veulent adopter pour combler le vide. Le conseil donné aux parents de ne pas avoir immédiatement un autre enfant est certes souhaitable, mais ne doit pas être une injonction (cela se rencontre parfois à la mort d'un bébé dans les services de pédiatrie), qui sera vécue par les parents comme une interdiction à procréer à nouveau.

Nous avons eu en thérapie une jeune femme qui avait perdu un enfant de quelques mois de mort subite du nouveau-né. Elle amenait sa fille aînée de cinq ans pour des troubles divers apparus depuis la mort de son petit frère. La maman allait mal ; la fillette elle-même était suivie par une collègue. Très vite, cette jeune femme explique, avec une très grande culpabilité, que pendant les vacances dernières (on était en octobre), elle n'avait pas fait attention, et elle se trouvait enceinte. Il y avait six mois que son bébé était mort, et on lui avait dit qu'elle devait attendre un an. Il a fallu travailler sa culpabilité qui la renvoyait à d'autres culpabilités, notamment autour de ses parents, et de son père qui lui avait interdit – c'est comme ça qu'elle l'avait vécu – son mariage.

Aussi, s'il est en effet souhaitable que des parents puissent faire le deuil avant de programmer un autre enfant, en revanche, le présenter comme une prescription est tout à fait dommageable.

La place de l'enfant décédé dans la fratrie

La mort d'un enfant est toujours un traumatisme grave pour les parents, même lorsque l'enfant est connu de la fratrie et qu'il y a plusieurs enfants. C'est la relation aux parents qui est perturbée. Le frère ou la sœur disparu dans la petite enfance laisse des traces très profondes, des cicatrices souvent indélébiles chez tous les membres, et différentes suivant l'âge et la relation aux parents. Non seulement il faut qu'ils fassent leur propre travail de deuil, mais ce deuil se redouble par les fantasmes très prégnants des parents.

Une jeune fille en thérapie à l'âge de dix-huit ans racontait qu'elle avait perdu un petit frère écrasé (il avait deux ans et elle cinq). Elle relatait avec beaucoup d'émotion cet événement : « Je crois, disait-elle, que j'ai eu plus l'impression de perdre ma mère à ce moment-là, que mon petit frère ; elle pleurait tout le temps et ne s'occupait plus de moi. En grandissant, j'avais le souvenir d'une mère figée, et je ne pouvais plus me représenter mon frère. »

Françoise Dolto explique aussi sa difficulté dans son enfance : sa mère avait perdu une fille plus âgée qu'elle, idéalisée. Petite, elle devait toujours prier pour sa sœur.

La mort d'un frère ou d'une sœur dans la fratrie fait souvent confirmer le vécu de mort inconscient que l'on avait à l'égard de ce frère. Il faut donc être vigilant aux réactions souvent étonnantes et paradoxales que peuvent avoir un ou plusieurs enfants à l'annonce d'un décès dans la fratrie.

> **Il est vrai que les parents, occupés entièrement par leur deuil, ne peuvent souvent s'en apercevoir. Il serait souhaitable que l'entourage, la famille élargie, puisse en être consciente. À l'adolescence, ce travail de deuil semble mieux s'effectuer, parce que l'évolution psychique permet un plus grand investissement extérieur. Un enfant jeune ne peut trouver ses ressources que dans sa propre famille.**

Dans certaines familles, il est parfois une tradition quelque peu morbide qui consiste, à chaque anniversaire de l'enfant disparu, de fêter l'âge qu'il aurait s'il avait vécu. Cette idéalisation fait que le mort est toujours le plus beau, le plus intelligent, le plus merveilleux pour les parents. De ce fait, il y a une contre idéalisation des survivants : ils doivent magnifier ce frère, tâcher de lui ressembler au même âge. Cela peut conduire à un mythe familial délirant... Les enfants vont non seulement devoir assumer un deuil fraternel, mais aussi une image idéale, qui leur est toujours proposée par rapport à l'enfant mort.

Christian est l'aîné d'une fratrie de trois. À onze ans, il développe un cancer des os et fait plusieurs séjours à l'hôpital ; après quelques périodes de rémission, il meurt dans un service de cancérologie la veille de ses treize ans. Deux ans d'enfer pour cette famille très soudée : parents, grands-parents, frère et sœur vont se relayer autour de lui ; les deux plus jeunes vont vivre un véritable abandon, mais leur sentiment de détresse et la souffrance ressentie ne peut être entendue que dans le drame de la mort du frère. Ce deuil sera très difficile à faire pour toute la famille. Christian reste présent dans la vie de tous, empêchant les parents de faire quelque investissement que ce soit à l'extérieur. Le frère et la sœur ne peuvent fêter leur anniversaire avec leurs copains. En revanche, le jour anniversaire de la mort de Christian est une journée de prière et de recueillement où tout rappelle ce garçon devenu idéal et modèle à suivre. La sœur cadette raconte plus tard son angoisse quand elle a eu treize ans, et aussi comment lors de ses dix-huit ans, elle a terriblement hésité pour demander à ses parents de fêter son anniversaire avec ses amis : « J'ai horreur des anniversaires, dit-elle, pour moi, c'est synonyme de cauchemars et de mort. »

Il faut que les services et les équipes soignantes aident les parents des enfants disparus à faire un deuil naturel, et non à idéaliser l'enfant, quoi qu'il ait souffert et quelle qu'ait été sa mort. Cela permettra aux frères et sœurs survivants de garder leur chance et de pouvoir grandir dans une identité et une autonomie personnelles.

Comment assurer leur place aux « vivants » ?

La mort d'un enfant avant la naissance d'un puîné ne produit pas inexorablement des difficultés pour le suivant comme le montre cette situation : un enfant de quatre ans est mort le jour anniversaire de son frère aîné, âgé de sept ans. Chaque année, même si les parents y pensaient très fort, ils faisaient une fête à l'aîné en dehors de tout souvenir triste, qu'ils s'efforçaient de ne pas exprimer ce jour-là. L'enfant né quinze mois après ce décès a bénéficié d'une meilleure relation parentale ; les parents dans le deuil de l'enfant de quatre ans avaient mieux assumé leur rôle parental, ce que la mère exprimait ainsi : « J'étais trop jeune quand j'ai eu mes deux premiers ; la mort du second m'a rendu mère. »

Toutes les situations sont bien sûr individuelles. Elles concernent parents et enfants dans leur relation antérieure à la mort du disparu. Il faut toutefois que les « choses » soient parlées, qu'un enfant mort avant la naissance d'un autre soit rendu vivant par ce que peuvent en dire les parents, et fasse partie de l'arbre généalogique familial. Même si les circonstances de la mort sont difficiles à entendre, il ne faut pas les cacher.

Récemment, dans une famille de quatre, l'aîné, étudiant en médecine, s'est suicidé. Le traumatisme a été tel que les parents ont parlé d'accident aux plus jeunes. Ce drame, doublé de la culpabilité toujours intense dans ces circonstances, a rendu impossible le dialogue dans cette famille, et sa mort n'est jamais évoquée. Les exemples sont nombreux où le silence sur la mort d'un membre de la famille ou sur les circonstances de sa disparition ont pu grever les relations familiales, car les deuils ont été impossibles. Cela reste des cryptes enfouies, des secrets de famille, qui peuvent se transmettre sur des générations et engendrer souffrance et pathologie.

Comment aider les fratries lors d'un deuil ?

- **Il faut savoir que les adultes sont généralement embarrassés quand ils doivent expliquer la mort aux enfants. Les termes de décès ou de mort doivent cependant être employés même s'ils n'en comprennent pas tout à fait le sens et la portée. En effet, avant cinq ou six ans, l'enfant n'a pas les notions d'irréversibilité et d'inéluctabilité.**
- **Parler de la mort d'un être cher, comme d'un frère ou d'une sœur, doit être fait dès le plus jeune âge ; l'enfant l'intégrera petit à petit avec le sentiment qu'il l'a toujours su.**
- **Les circonstances de la disparition (suicide par exemple) doivent être expliquées à la fratrie, mais il faudra savoir quelle est la personne la mieux placée pour en parler ; parfois ce sera un membre plus éloigné de la famille et moins impliqué dans le deuil.**
- **Le deuil d'un frère ou d'une sœur dépendra de la relation que ce frère avait auparavant avec les membres**

de sa famille : il ne faudra pas s'étonner de réactions paradoxales que peuvent avoir certains enfants.

- C'est toujours la relation aux parents qui est perturbée et tel signe d'agressivité d'un enfant vis-à-vis de ses parents peut être la traduction d'un sentiment d'abandon, ressenti parce que les parents sont trop occupés par leur deuil.
- Quoi qu'il en soit, il ne faut jamais cacher la mort d'un proche à un enfant ; les enfants nés avant sa naissance doivent faire partie de la généalogie familiale sans pour autant être magnifiés.

Chapitre VIII

ENFANT HANDICAPÉ OU MALADE DANS LA FRATRIE

La naissance d'un enfant présentant un handicap n'est pas seulement l'affaire des parents ; elle concerne la fratrie en retentissant sur la construction psychique de chacun de ses membres, leur manière d'être au monde, leur identité, leurs modes relationnels, leurs rôles sociaux et leur devenir.

Impact selon le rang de l'enfant dans la fratrie

Sans pouvoir parler de toutes les situations cliniques variables selon la prégnance du handicap ou de la maladie et la constellation familiale, on peut affirmer que cette situation sera douloureuse à vivre pour la fratrie. Les enfants n'ont pas le choix. L'adaptation est toujours difficile : chaque enfant, chaque famille développe une stratégie pour vivre et survivre le moins mal possible.

> Si les enfants ont du mal à comprendre le handicap, il faut les rendre partenaires dans une explication qu'ils peuvent assimiler en employant des mots pour eux.

Deux cas peuvent se présenter :

- **L'enfant handicapé peut déjà être là : c'est l'aîné**. Les suivants devront s'adapter à cette situation insolite et paradoxale qu'il sera souvent le plus grand par la taille ou le rang de naissance, mais le plus petit dans le développement psychique et cognitif. Ils auront parfois des difficultés au moment de l'apprentissage scolaire. Ils devront avoir la possibilité psychologique de dépasser le frère ou la sœur, qui peut-être n'apprendra pas à lire. L'attitude des parents, leur intérêt pour l'enfant seront déterminants pour que celui-ci puisse, sans inhibition, accéder à une connaissance que n'aura jamais le grand frère.

- **L'enfant porteur d'une anomalie arrive dans une fratrie constituée.**
À l'instar des parents, la fratrie avait rêvé d'un frère ou d'une sœur merveilleux ; ils sont confrontés à la réalité d'un être différent, parfois inquiétant. Leur rêve est brisé et, en même temps, la toute-puissance parentale, qu'ils avaient fantasmée, est mise à mal. Comment vont-ils se situer entre les parents et cet enfant ? Leurs parents traumatisés, tout à leur souffrance et à leur préoccupation, auront souvent près d'eux des suivis médicaux et sociaux pour les accompagner. Et eux ? Personne ne s'y intéresse. Leurs problèmes spécifiques et leurs souffrances passent bien souvent inaperçus. Ce sont « des témoins silencieux et solitaires[51] ». Leurs difficultés sont réelles et multiples, mais le silence semble souvent recouvrir leurs troubles. Rarement en consultation, lorsque nous rencontrons des frères ou des sœurs présentant des troubles du sommeil, des difficultés scolaires, de l'hyperactivité ou de l'apathie, nous faisons la corrélation avec la présence d'un enfant handicapé dans la famille… « Un silence qui prend force de loi garde ainsi enfoui le malheur advenu[52]. »

Dans le respect le plus évident de l'enfant handicapé, il faut en parler dans la réalité ; il ne faut ni le sublimer, ni l'idéaliser. Parler du handicap réel et de ses conséquences lui permettra d'être mieux accepté par les frères et sœurs.

51 Charles Gardou, « Lien fraternel et handicap », *Enfance et psy*, n° 9, Erès.
52 Charles Gardou, *ibidem*.

* Des réactions très diverses

> La volonté d'aider

Une réaction très normale et naturelle, qui dans un premier temps conforte les parents, est que la fratrie veut les aider. C'est ainsi que Monique, aînée de quatre ans d'un frère handicapé, a été d'une aide précieuse pour les parents : dormant dans sa chambre quand il avait des troubles du sommeil, lui donnant fréquemment à manger quand la mère s'absentait, jusqu'au jour – elle avait alors treize ans – où elle l'a laissé tomber, involontairement bien sûr. Son petit frère a une fracture ouverte à la jambe et heureusement pour elle et pour lui, il s'en est remis. Le traumatisme a été tel que, dix ans après, elle en parlait à son ami ; elle a pu, par des entretiens psychologiques, prendre conscience de toute la violence et de toute la culpabilité qui l'animaient face à ce frère.

> Se faire oublier

Beaucoup d'enfants se font aussi oublier, comme Gisèle, seize ans. Elle est accueillie dans un centre d'adolescents, après une tentative de suicide. Elle est l'aînée de trois enfants ; le deuxième garçon est infirme moteur cérébral. Elle dit qu'elle a mis beaucoup de temps à s'apercevoir qu'il était anormal : « C'était mon frère, un point c'est tout. » Petit à petit elle s'est inquiétée, mais elle n'en a jamais parlé à personne ; elle craignait qu'il meure ; ses parents lui avaient dit un jour : « Il restera toujours petit dans sa tête. » Cette phrase lui avait paru énigmatique. En réalité Grégoire grandissait, ne marchait pas, et son infirmité devenait de plus en plus disgracieuse. Lorsqu'elle a eu douze ans, sa maman s'est trouvé enceinte, et s'est angoissée par cette nouvelle grossesse ; Gisèle partage cette anxiété familiale. Elle pense sans le dire qu'il ne faut pas que ce soit un garçon parce que le risque serait plus grand qu'il soit anormal. L'arrivée de Théo se passe bien, c'est un bébé bien portant, bien vivant. Les parents semblent retrouver un goût de vivre avec lui, mais Gisèle au contraire se replie, et se fait de plus en plus oublier. Elle dira : « Mes parents s'occupaient obligatoirement beaucoup de Grégoire, et quand Théo est arrivé, il a pris une place dans la famille ; moi qui n'en avais pas beaucoup déjà, il ne m'en restait plus. » Les parents, interrogés, disent que Gisèle a été toujours une enfant facile, travaillant bien : « Elle s'élevait toute seule, et pour nous c'était bien parce qu'avec les deux autres, on avait fort à faire. » Le père qui a été proche de sa petite fille a de plus en plus de mal à entrer en communication avec elle depuis son adolescence. La tentative de Gisèle a été traumatique pour tous, une surprise et un grand étonnement.

> Pour quelqu'un d'extérieur à la situation familiale, on peut comprendre comment celle qui a toujours été une enfant parfaite n'a eu de cesse de se faire oublier, pour laisser ses parents accomplir leurs tâches éducatives avec leurs autres enfants. À l'adolescence, avec les perturbations inhérentes à cette période, elle n'a pu ni contester, ni se rebeller, et dans sa crise identitaire, elle a trouvé comme seule issue de se faire définitivement oublier… Pour, peut-être, être enfin reconnue !

Quand on renoue les fils de l'histoire familiale, on s'aperçoit que les parents, qui ont été « suffisamment bons » pour cette petite fille jusqu'à l'âge de quatre ans, date de l'arrivée de Grégoire, ont eu un tel traumatisme qu'inconsciemment ils ont délaissé Gisèle mais cela, sans aucune idée de mal faire. Elle n'a pas été, comme beaucoup d'autres, chargée de son frère, les parents ayant assumé cette tâche, mais voulait être parfaite pour ne pas donner de tracas à ses parents. Élève modèle, petit à petit, elle a disparu du champ familial avant de vouloir disparaître tout à fait. L'idéal eut été que Gisèle eût, pendant cette période, quelqu'un à qui parler.

L'impact du handicap dans la dynamique psychique familiale varie en fonction de plusieurs paramètres

• Le premier est la capacité qu'ont les parents à en parler dans la famille, à en assurer le mieux possible la charge, et surtout à ne pas en faire un poids pour la fratrie.
• C'est aussi l'âge des enfants, leur rang de naissance et notamment celui de l'enfant atteint. En effet, d'une part le nombre protège de l'exclusivité relationnelle par rapport aux parents, et d'autre part permet une meilleure distance.

> La culpabilité

Pour avoir rencontré beaucoup d'adultes ayant eu dans leur enfance un frère ou une sœur ainsi atteint, la plupart souffrent du « silence » instauré comme un pacte familial. Culpabilité d'être rescapés d'un malheur qu'ils auraient pu connaître (tel des rescapés de camp de concentration), de la gêne et du désir de le cacher à l'extérieur du groupe familial.

Le handicap notamment intellectuel est vécu comme une honte, et les frères et sœurs protègent sans cesse les défaillances sociales et scolaires de l'enfant handicapé.

Il ne faut pas oublier que la rivalité fraternelle existe, qui a pour matrice la relation exclusive recherchée pour les parents, et justement dans le cas du handicap, celui-ci accapare de manière excessive l'attention parentale. Il s'ensuit parfois pour un frère une recherche obsessionnelle de cette exclusivité.

En consultation, il y a quelques années, est amené un enfant de six ans qui avait une incapacité à se séparer de sa mère pour aller en classe. L'entrée à la maternelle avait été retardée par deux fois en raison de colères violentes que cet enfant faisait au moment des séparations. En dehors de cela, il était vivant, sage, et s'adaptait aisément à la situation. Il avait un frère de dix ans avec un retard intellectuel, qui l'avait fait intégrer un IMP[53]. Les relations avec cet aîné étaient pour l'instant assez faciles, mais rien n'avait été dit au plus jeune sur les raisons pour lesquelles son frère ne fréquentait pas l'école comme tout le monde. Après quelques

53 IMP : Institut médico-pédagogique.

consultations, où l'enfant dessinait de manière répétitive un monstre dans une prison, les choses se sont un peu détendues ; il a dit un jour à sa thérapeute qu'il voulait bien aller à l'école, si ce n'était pas une prison…

> Il faut être vigilant, parce que si le handicap suscite compassion, très vite peut apparaître la méchanceté, voire le sadisme.

Lorsque les frères et sœurs sont obligés d'accepter la tyrannie involontaire de leur pair handicapé qui gouverne au quotidien, il faut que les parents soient très vigilants et compensent auprès des autres. Souvent, ils en font trop pour leur enfant atteint, et n'ont pas nécessairement conscience de reléguer au second rang les besoins et les désirs des autres.

> Le sentiment d'enfance volée

Dans une situation d'insécurité et de frustration, les membres de la fratrie ne peuvent compter que sur eux-mêmes, et c'est ainsi que se retrouvent parfois très soudés les membres d'une fratrie (à condition qu'ils soient plusieurs) ; cela au prix d'efforts psychiquement coûteux, en passant parfois par un dévouement qui n'est pas de leur âge, et une sollicitude qui peut être un déplacement de l'agressivité et de leur souhait de mort refoulé.

« J'avais une enfance volée, une enfance qui ne peut pas se vivre, parce qu'il me fallait grandir. J'ai longtemps porté mon enfance comme une plaie ouverte ; il m'a fallu bien des années pour en guérir. Il semble que la plaie n'est pas cicatrisée et ne le sera jamais[54]. »

> « Enfance volée » est un terme qui est très souvent employé par les frères et sœurs d'un enfant « hors normes » qui accapare les parents. Ils sont contraints à l'hyper maturité, ce qui – il faut le reconnaître – arrange les parents pendant un certain temps.

Cependant, ils arrivent parfois à sublimer, et cela détermine leur trajectoire personnelle ou professionnelle. On en trouve un certain nombre dans les professions sociales et médicales.

Les difficultés peuvent surgir, surtout pour les femmes, quand elles sont en âge de procréer.
Une jeune femme qui ne pouvait pas avoir d'enfants a été suivie en thérapie. Elle était l'aînée d'une fratrie de trois. La deuxième était une fille handicapée mentale ; le troisième, un garçon qui semblait avoir mieux tiré son épingle du jeu familial. Corinne a vécu très douloureusement cette situation. Elle disait que sa sœur était la préférée de ses deux parents ; elle ajoutait : « plus encore de mon père. » Cela dans une problématique œdipienne qu'elle n'avait pas encore dépassée. Elle se sentait chargée de cette sœur, qu'elle emmenait à l'école, qu'elle gardait quand sa mère était absente… Le tableau qu'elle en faisait était assez catastrophique, mais petit à petit a pu émerger une culpabilité par rapport à cette

54 Charles Gardou, *Frères et sœurs de personnes handicapées*, Éres, 1997.

sœur : elle lui faisait des méchancetés sans qu'elle s'en aperçoive. Cette sœur était morte quelques mois avant son mariage d'une maladie infectieuse. Cela l'avait beaucoup bouleversée, mais en même temps, disait-elle, « soulagée ». Elle pensait que ses parents n'en avaient pas fait le deuil.

Sa mère, depuis son mariage, attendait avec impatience un petit-fils. Corinne désirait aussi très fortement avoir un enfant. Le temps avait passé ; différents examens médicaux n'avaient pas donné d'explications à sa stérilité. Plusieurs tentatives de FIV[55] avaient échoué. Par l'intermédiaire d'une amie, elle est venue nous rencontrer. Nous avons beaucoup travaillé sur sa souffrance infantile, sur sa frustration de sa vie d'enfant, sur son agressivité qu'elle avait nourrie à l'égard de sa mère, même si ses relations actuelles étaient satisfaisantes. Un jour, elle s'exprime ainsi : « J'ai beaucoup de mal à faire un cadeau à ma mère. » En réalité, le cadeau, c'était un enfant. Elle disait parfois : « Je me demande si je n'ai pas peur d'avoir un enfant anormal. » C'était sans doute ce qui était conscient et acceptable pour elle, mais plus profondément, elle ne pouvait pas faire ce cadeau à sa mère, qui ne lui avait pas fait un cadeau avec cette sœur…

Elle a terminé sa thérapie, et dix-huit mois plus tard, nous avons reçu un faire-part de naissance. Peut-être lui avait-il fallu deux temps de grossesse !

> **Ces histoires vécues doivent rendre conscientes les difficultés qu'ont à assumer ces fratries. L'entourage doit en tenir compte.**

55 Fécondation *in vitro.*

Une aide indispensable pour les autres membres de la fratrie

- **Les intervenants médicaux et sociaux qui approchent ces familles doivent avoir à l'esprit la souffrance psychique imposée à ces enfants qui n'ont rien demandé.**
- **Il faut qu'ils aient des lieux d'écoute, avec ou en dehors de leur famille, où ils puissent exprimer leur angoisse, leur révolte et leur désespoir provoqués par l'intrusion du handicap au cœur de la fratrie. Il est important d'anticiper les difficultés que pourront avoir ces familles. Il faudra trouver des médiateurs, des rencontres au sein d'une thérapie familiale, même s'il n'y a pas de conflits avérés.**
- **Chaque famille développant sa stratégie pour survivre, il faudra l'écouter dans son ensemble, comprendre son évolution, donner la parole à chacun, en un mot lui permettre de vivre. La verbalisation de ces situations permet d'alléger les sentiments de culpabilité et d'isolement. La qualité des paroles prononcées par des enfants, même très jeunes, montre comment ils peuvent exprimer des aspects tragiques de leur existence avec une authenticité bouleversante. Ce sont des fratries dans tous leurs états, que nous rencontrons dans ces lieux d'écoute.**
- **Il faudra aider surtout les parents, parfois par des entretiens, à ne pas « oublier leurs autres enfants », et à assumer leur ambivalence. Chacun y trouvera son compte.**

Chapitre IX

FRATRIES DISSOCIÉES, RECOMPOSÉES, NOUVELLES…

Une séparation parentale, quelles que soient les conditions de son déroulement, reste un traumatisme pour tous les protagonistes, et en premier lieu pour les enfants. Cela peut-être dépassé sous certaines conditions.

Structures familiales multiples et mouvantes

Avec l'allongement de la vie, des séparations de couples de plus en plus fréquentes, peu de personnes vivent leur enfance avec leurs deux parents en ce début de millénaire. Autrefois le veuvage poussait les veufs avec des enfants en bas âge à se remarier. Les belles-mères, qu'on appelait « marâtres », avaient en charge les enfants du premier mariage. De nouveaux enfants naissaient, et une famille nouvelle se reconstituait.
À l'heure actuelle, le veuvage précoce est rare, et la séparation fait que les enfants ont deux foyers de référence. 40 % des couples se séparent dans les dix ans de leur union ; et on observe un divorce sur deux mariages dans la région parisienne.

Si la séparation est une souffrance pour les uns et pour les autres, elle est incontournable. Cependant, les blessures peuvent ne pas laisser des cicatrices indélébiles pour peu que les adultes soient vigilants. Malheureusement, pris par leurs conflits, ils sont souvent aveugles aux besoins des enfants, et ceux-ci sont même parfois les enjeux de leur conflictualité.

Presque tous les enfants, déjà un peu grands, apportent un même témoignage : la période de tension, de non-dits, d'explosions, est de loin la plus pénible à vivre. Même si le départ d'un parent est un événement difficile à assumer, la prise de décision de la séparation est généralement vécue comme une grande délivrance, un soulagement.

On peut penser que lorsque les parents passent leur temps et leur énergie à se faire la guerre, il est préférable pour eux comme pour les enfants de se séparer. Dans une certaine mesure, ils sont alors plus disponibles pour leurs tâches parentales. Certains pères, soit empêchés par leur compagne de jouer ce rôle, soit peu intéressés par la paternité, le découvrent parfois après la séparation.
Il arrive aussi, et cela est plus fréquent ces dernières années, que les parents séparés s'entendent « à merveille » et multiplient leurs rencontres, sous le prétexte des enfants ; chacun a redonné la liberté à l'autre, chacun a repris un partenaire, mais les raisons de cette séparation deviennent incompréhensibles pour les enfants. Cela les met dans un grand désarroi, une difficile représentation d'un couple parental, et une paradoxalité du sens de l'amour. Un petit garçon de cinq ans, ayant fêté son anniversaire avec ses deux parents, dit à sa mère le soir : « Tu vas repartir avec papa, parce que vous avez beaucoup ri tous les deux, comme quand nous étions petits. »

> **Il faut en effet que cette séparation ait un sens. Bien sûr, les parents doivent s'entendre pour décider ensemble le meilleur pour leurs enfants ; ceux-ci peuvent le comprendre, mais au-delà, cela les trouble. Ils peuvent garder l'illusion qu'ils pourront réparer le couple parental, comme parfois ils ont pensé, que par leur faute, ils l'avaient défait.**

Bouleversement de l'ordre familial

Les structures familiales deviennent multiples, et les fratries ne sont pas définitivement fixées. Issus d'une petite fratrie, certains enfants font partie, au moins temporairement, de fratries plus grandes. Selon les différentes unions, les enfants vont avoir des demi-frères ou sœurs, et assez souvent des frères et sœurs de « cohabitation », sans lien de sang, des « faux frères » parfois ainsi nommés.

L'enfant de parents séparés s'aménagera une nouvelle vie avec la perte du couple parental et le réaménagement des relations avec celui-ci, et souvent de sa fratrie. Parfois, il doit changer de position ; de dernier peut devenir aîné dans la nouvelle fratrie, perdre un frère ou une sœur, parti vivre avec l'autre parent, qu'il ne voit pas. Il peut exister encore beaucoup d'autres configurations.

La recomposition d'une famille chamboule l'équilibre de l'échiquier relationnel. L'aîné peut rétrograder en deuxième ou troisième position, le dernier perdre tout d'un coup les privilèges attachés à sa position. Un aîné qui perd sa place vit une douloureuse expérience ; il a déjà eu à s'adapter à des naissances successives, mais cela le confortait dans sa position de premier-né initiant ses parents. En revanche, l'intrusion d'un plus grand est une expérience à laquelle il ne s'attendait pas ; il est détrôné et placé face à une rivalité dont il se serait bien passé.

Bouleversement des structures familiales d'accueil

Il existe aussi des structures familiales d'accueil unisexuées : deux femmes ou deux hommes décident de vivre ensemble. Si ces personnes ont tenté antérieurement de bâtir une famille avec un membre de l'autre sexe, elles réintroduisent un enfant, ou même deux parfois, dans un contexte profondément différent.

Si d'emblée elles ont décidé de vivre leurs relations sentimentales et sexuelles avec un partenaire identique à leur image, elles peuvent avoir la charge d'un enfant, soit par adoption légale d'un seul membre du couple, soit par le jeu d'échanges, qui existent moins rarement qu'on ne le pense. Ces structures posent de nombreuses questions sur la place de l'enfant. Dans tous les cas, elles sont un lieu de développement pour l'enfant, dont il faut avoir le courage d'interpeller le sens. Pour l'instant, peu d'études ont été faites sur le devenir des fratries dans un tel contexte. Si l'hétérosexualité des parents n'est pas une garantie pour la bonne évolution des enfants, on ne peut savoir à long terme ce que vont devenir de telles fratries élevées par des partenaires homosexuels, et quels parents deviendront ces enfants.

Toutes les configurations existent, c'est un fait. On peut le regretter, mais on doit faire en sorte que les enfants puissent avoir leur vie d'enfant dans toute situation, et que leur intérêt passe avant celui des adultes qui les entourent.

* Le père et la mère, interlocuteurs de l'enfant

L'enfant doit toujours avoir son père et sa mère comme interlocuteurs.

Lorsque l'enfant est très jeune, il est souvent confié à la mère ; s'il n'a pas connu son père, celui-ci est tenté par l'éloignement et l'indifférence à l'égard de l'enfant. On le sait, la paternité doit s'éprouver dans les interactions quotidiennes.

La relation avec une figure paternelle est nécessaire au tout jeune enfant pour la construction de sa personnalité. L'absence de père, même si elle n'est pas une perte, est toujours un manque, dont les effets peuvent se ressentir plus tard.

Parfois, lorsque le parent qui s'éloigne est l'objet d'investissement exclusif du bébé, cela peut provoquer chez l'enfant une régression massive ou une phase critique de dépression. De même, lors de la période œdipienne, où le petit garçon ou la petite fille fixe sur son parent ses premiers émois libidinaux, le départ et la séparation auront des répercussions plus graves chez lui. Comment un petit garçon peut-il se poser en rival d'un père qui ne désire plus sa mère ? La mise en place de la phase œdipienne à cette période (trois à six ans) achoppe sur l'absence de père qui ne se pose pas en obstacle entre lui et sa mère, et ne la désigne pas comme objet de désir. Le petit garçon peut avoir le sentiment de convoiter « un objet non désirable ».

Il arrive qu'un père absent envers ses propres enfants puisse entretenir des relations de type paternel avec les enfants de sa compagne. La proximité, le « vivre avec », le positionnement dans la famille, facilitent cet état de fait. Si cela est accepté par la mère, ce peut être positif mais ne le dédouane pas de sa paternité légale.

Enfants de couple séparé

Quelques études parcellaires ont pu indiquer que les enfants de divorcés réussissaient moins bien en classe, avaient plus de difficultés de comportement, etc. Mais on prend la séparation comme seul paramètre. Or il apparaît que le climat des relations avant la séparation est beaucoup plus important, et il faudrait faire une étude longitudinale de ces enfants pendant le temps où ils vivaient avec leurs parents, au moment de la séparation, et connaître la qualité des relations qu'ils vont nouer ensuite avec de nouveaux adultes et dans leur nouvelle fratrie.

* Climat antérieur à la séparation

L'atmosphère familiale a pu devenir intolérable pendant les années qui ont précédé la rupture ; les enfants ont été délaissés par l'un ou l'autre des parents, occupés par leurs conflits ou par une grave dépression de l'un d'eux. La séparation pour les enfants n'est pas une surprise ; elle peut même correspondre à une attente.

En revanche, l'éclatement du couple peut être la résultante d'une fissure où les conflits se sont déroulés sans trop de bruit, les enfants n'ayant pas été impliqués dans la détresse conjugale.

L'annonce de la séparation peut faire l'effet d'une bombe ; elle entraîne alors chez l'enfant un flot d'interrogations sur sa responsabilité éventuelle dans la demande de rupture. Dans les deux situations, l'enfant peut se sentir coupable, soit qu'il ait été le prétexte de leurs conflits violents, soit que les non-dits laissent supposer à l'enfant qu'il est involontairement la cause de la rupture.

* Explications et comportement des parents au moment de la séparation

D'une manière générale, les explications doivent être claires, cohérentes et convergentes, et si possible, données ensemble aux enfants par les parents. Même s'ils n'en comprennent pas toujours le sens, suivant leur âge, il paraît important qu'ils entendent les mêmes choses de leurs parents.

Non seulement la séparation est mieux acceptée quand l'enfant en comprend les motifs, même s'il se fabrique sa vérité différente de celle de ses parents, mais elle est également source d'une souffrance moins grande quand les enfants sentent qu'ils continuent à être suffisamment des objets de désir. Les membres du couple restent en communication pour eux et leur assurent une cohésion dans les attitudes éducatives et dans leurs demandes.

* Le rôle de la fratrie

> Vis-à-vis des parents

Le groupe des frères et sœurs peut faire bloc ou se diviser ; l'un prend fait et cause pour la mère, l'autre pour le père. Cela est très fréquent à l'adolescence. À cette période, certains enfants ne pardonnent pas la rupture à un de leurs parents. Ainsi, ce garçon de quatorze ans qui n'a jamais accepté le départ de sa mère pour un autre homme et n'a pas voulu la revoir, alors que les deux plus jeunes ont continué à vivre avec elle et à entretenir des relations fréquentes avec leur père.

Un frère ou une sœur peuvent se trouver dans une situation gratifiante et inquiétante de jouer un rôle transitoire maternel ou paternel substitutif à l'égard d'un parent qui déprime. Un clivage peut s'effectuer dans la fratrie avec également ceux qui pensent connaître la vérité et ceux qui demeurent dans l'ignorance des causes du conflit.
Il faudra tenir compte de l'interpénétration de toutes ces variables, qui ne sont pas figées, évoluent dans le temps et selon les recompositions familiales.

> **Entre frères et sœurs**

Souvent, dans le cas de situation de parents divorcés, les frères et sœurs sont plus chaleureux, plus attentionnés les uns envers des autres. Parfois, la non-disponibilité du couple parental consécutive à la séparation renforce les liens fraternels en accentuant les loyautés fraternelles. Cela est surtout vrai si les relations étaient harmonieuses antérieurement, et si les enfants disposent d'au moins un parent suffisamment contenant et vigilant.

Une autre situation est aussi fréquente : lors des dissensions parentales, la fratrie va chercher un coupable, un « bouc émissaire » à la séparation des parents ; ce sera parfois le dernier, arrivé après plusieurs années, qui a perturbé l'équilibre familial ou un membre de la fratrie particulièrement difficile, qui sollicite beaucoup les parents ou pour lequel les enfants les voient se disputer souvent. Vont alors naître ou renaître de violentes rivalités fraternelles, surtout si frères et sœurs prennent parti pour un parent ou l'autre ; cela se rencontre à l'adolescence dans une réactivation de la problématique œdipienne. Ils resteront alors dans le champ clos de luttes fraternelles pour l'amour des parents, et notamment celui de la mère perdue.

* La garde alternée

Les dispositions qui régissent l'organisation des rapports entre les enfants et les parents séparés, dont l'idéologie prétend être pour le bien des enfants, répondent plus souvent au désir des adultes, préservent leurs droits et ménagent leur confort. Ainsi en est-il de la garde alternée. Récemment mise en place, et souvent prônée comme solution idéale, il faut l'envisager si tout le monde est prêt. Mais il ne faut pas en minimiser les contraintes ! Cela oblige l'enfant à changer de résidence selon un rythme décidé par les parents. Certains peuvent ne pas souffrir de ce nomadisme et y trouver des avantages, mais beaucoup d'autres, selon leur âge et leur personnalité, peuvent en pâtir. Qu'en est-il pour l'enfant, de son lieu de vie, de ses repères, de ses amis, de ses séparations fréquentes, qui peuvent être des minitraumatismes ? Certains enfants, surtout les plus jeunes, peinent à refaire chaque semaine le deuil de l'autre parent, et les plus fragiles se perdent pour retrouver des repères dédoublés.

Il faudrait avant tout que les choix opérés soient des choix éclairés par les besoins des enfants.

* La reconstitution de nouveaux liens

Le fait de créer une nouvelle structure familiale a parfois des effets apaisants sur les ex-époux, qui trouvent ainsi des satisfactions affectives et réparent aussi en partie leurs blessures. Mais cela ouvre inexorablement pour les enfants une nouvelle vie, un nouvel ajustement, et marque souvent le départ de conflits, que ce soit pour des raisons de rivalité ou autres. Voilà que d'autres familles se constituent et s'introduisent dans le système antérieur.

Lorsqu'on passe de la monoparentalité à une situation de biparentalité, cela amène inévitablement l'enfant à vivre de difficiles changements de filiations et d'alliances. Cela dépendra de l'âge de l'enfant bien sûr, et de la manière dont il s'est construit dans cette situation monoparentale. Le couple qui se forme doit en avoir conscience afin d'aider l'enfant à se situer face aux remaniements affectifs qui lui sont imposés.

Un parent peut être abandonné alors qu'il souhaitait maintenir des liens conjugaux et parentaux ; il vit une situation souvent très pénible. Cela est plus fréquent pour les femmes ; elles doivent réaménager leur vie sous le registre de l'échec et de l'impuissance ; il leur est difficile de maintenir l'image du père, surtout s'il est définitivement absent pour ses enfants. C'est une situation extrêmement délicate, et l'étayage psychique des enfants dans une identification paternelle devra se faire dans la famille élargie. Les grands-parents peuvent être précieux à ce moment-là, s'ils servent de repères pour les enfants, sans prendre parti dans les conflits du couple.

> **Mais la plupart des séparations vont évoluer après un certain temps vers des recompositions familiales. Il y aura toujours une période de doute, d'incertitude et de tâtonnements.**

Les familles se recomposent d'autant mieux que les grandes illusions tombent et que les adultes renoncent à rêver d'une grande tribu unie, sans jalousie, sans rancune, sans conflits territoriaux.

Certaines séparations se font en douceur ; les relations entre les ex-conjoints sont excellentes, et la garde des enfants n'est pas établie, à tel point que les nouveaux partenaires peinent à trouver leur place dans la famille recomposée sans exclure les « ex » bien encombrants, et petit à petit ce sont les enfants qui, n'ayant plus de repères, en feront les frais.

La fratrie, même si elle vit ensemble – prenons le cas où deux enfants restent avec leur mère – devra rencontrer le week-end leur père, qui a pu refaire sa vie avec une autre femme. De même, si la mère se remarie, il y aura peut-être de nouveaux enfants. Ces naissances seront vécues différemment, selon qu'elles auront lieu dans la famille maternelle ou chez le père, avec lequel l'enfant ne vit pas.

Quoi qu'il en soit, changer de mode de vie, de fratrie, de repères, est une difficulté, et demande à l'enfant de s'adapter, ce qu'il aura beaucoup de mal à faire.

Nous avons suivi en consultation un enfant de huit ans. Aîné de deux garçons les parents ont divorcé quand il avait six ans. La mère a quitté le domicile conjugal parce qu'elle avait une liaison ; les enfants sont à la garde du père et vont régulièrement chez leur mère ; tout semble apparemment bien se passer. L'arrivée chez la mère d'une petite fille, Lorraine, déclenche une crise violente chez le garçon de huit ans, qui refuse d'aller voir sa mère, alors que son petit frère de quatre ans se réjouit de cette sœur qu'il va pouponner le dimanche. Il est sûr que cette naissance a été un traumatisme pour lui, et qu'il a revécu le choc de la naissance de son petit frère.

Toutes les situations sont différentes et produisent chez les enfants des souffrances ou traumatismes en relation avec leur vécu antérieur.

* L'enfant unique dans la séparation

L'enfant unique ne pourra compter que sur lui-même ; il n'aura aucun étayage fraternel, et cette situation dans les familles à enfant unique est encore plus douloureuse. D'abord, l'enfant peut penser que si ses parents ont cessé de s'aimer, ils pourront aussi cesser de l'aimer lui-même. Ensuite, il sera, plus encore s'il est seul, l'enjeu de la conflictualité parentale. Il peut être souvent le témoin, le confident de l'un ou de l'autre parent. Une femme de quarante ans, fille unique, dont les parents se sont séparés quand elle avait sept ans, dit qu'à l'heure actuelle, elle doit encore arbitrer leurs conflits.

L'histoire d'Édouard, enfant unique au moment de la séparation, est exemplaire des changements que l'on fait vivre à l'enfant selon les aléas de la vie des adultes.

Ses parents ont divorcé quand il avait dix-huit mois. De dix-huit mois à trois ans, il a vécu avec sa mère, voyant régulièrement son père.
À trois ans, sa mère décède dans un accident de voiture. Il est alors à la garde du père, voyant régulièrement son beau-

père « Papa-Jean », et surtout ses grands-parents, qui sont en fait les parents de son beau-père.

Pendant la séparation du couple parental, son père s'était remarié et avait eu un fils, son demi-frère, Frédéric. Édouard a vécu de trois à sept ans avec eux, et appelait maman sa première belle-mère.

À sept ans, son père s'est séparé et cela a été assez incompréhensible pour lui. Dans le nouveau foyer de son père, le troisième, est arrivée une nouvelle femme. « À sept ans, pour des raisons que je ne connais pas, mes parents se sont séparés. Mon père m'a dit un jour : *On ne s'entend pas avec maman, alors on se sépare, mais rien ne changera pour toi.* »

Dans la réalité, tout a changé, car il ne voyait plus sa mère, et seulement de temps en temps son frère Frédéric, qui venait chez son père. L'atmosphère familiale était difficile. Jacqueline, la seconde belle-mère, était mal supportée par Édouard, et un enfant était né de leur union.

Au bout de quelque temps – Édouard avait dix ans – les adultes qui s'occupaient de lui se sont mis d'accord pour qu'il aille habiter chez son beau-père, le fameux Papa-Jean, lequel avait une nouvelle femme, sa troisième belle-mère, mais heureusement sans enfant. Son père lui a expliqué : « Tu sais, nous avons réfléchi ; nous avons discuté avec Papa-Jean et ses parents. Je pense que tu seras mieux chez eux que chez nous. Ils n'ont pas d'enfant, et puis ici, c'est un peu difficile avec ton petit frère et Jacqueline. Tu reviendras chez nous le dimanche et les vacances, et rien ne sera changé pour toi. »

Depuis lors, Édouard, qui n'a plus sa mère, ni sa belle-mère qu'il appelait maman, voit très rarement son petit frère Frédéric, quand il va en visite chez son père.

> L'histoire d'Édouard est très typique de ce que vivent les enfants dans leurs changements multiples. Certes Édouard a une certaine continuité affective, mais les liens tissés avec sa première belle-mère, qu'il appelle maman, n'ont pas été pris en compte. Or, il a vécu avec elle de trois à sept ans, période où se nouent des attachements de type maternel. La séparation d'avec cette dernière a été un traumatisme, qui a dû réveiller celui de la perte de sa mère lorsqu'il avait trois ans. Il a perdu ensuite son frère, lien fraternel, qui le rattachait à sa première belle-mère.

Ces pertes successives des enfants dans la séparation ne sont pas prises en compte, car c'est bien souvent l'intérêt des adultes et leurs accommodements dans leur nouvelle vie qui président leurs choix. L'arrivée des petits frères pour Édouard est d'autant plus perturbante qu'il était en situation affective précaire. D'enfant unique, il se retrouve aîné de deux frères qu'il n'a pas vu naître. Si pour tout enfant, l'arrivée d'un frère le détrône de sa qualité d'enfant unique, pour Édouard, cela a été une perte d'amour, suivie d'une séparation. C'est pourquoi il craint que le nouveau couple, formé de son beau-père et de sa troisième belle-mère, ait un enfant, ce qui pour lui serait synonyme de nouvelle séparation. Édouard est effectivement un enfant malmené par les circonstances de la vie de ses parents.

Il serait judicieux d'instaurer sur le plan juridique un statut légal pour un beau-père ou une belle-mère, qui aurait vécu un certain temps avec l'enfant dans son jeune âge ; cela préserverait les attachements et les liens affectifs. Pour l'instant, ce dernier est tributaire uniquement du bon vouloir des adultes.

* La recomposition familiale peut être une richesse

Il existe des fratries reconstituées tout à fait positives et riches, permettant échanges et communication, et ouvrant l'horizon de beaucoup d'enfants qui, sans cela, seraient restés confinés dans un univers assez restreint.

Dans les situations nouvelles et les recompositions familiales, il est fréquent que chaque parent, nanti d'un ou deux enfants, se remette en ménage avec un partenaire, parent lui-même d'un ou deux enfants. Ces enfants, qui ne vivent pas au quotidien avec leurs « pseudo-frères », se voient cependant régulièrement et passent de longs moments ensemble notamment pendant les vacances.

Une mère divorcée avec deux enfants jeunes, de quatre et six ans, a pu, après quelques années, retrouver un partenaire lui-même père de deux enfants d'âges assez semblables. Grâce à cette rencontre les enfants ont commencé une nouvelle vie, s'enrichissant les uns les autres, de leurs différences et de leurs expériences antérieures. Les enfants de cette nouvelle fratrie ont pu vivre ensemble « à égalité ». La communication s'est établie ; la stimulation entre les enfants a permis un meilleur investissement scolaire. Leurs relations avec le parent séparé se sont maintenues et leur ont permis, grâce à la bonne volonté de chacun et le souci du bien-être des enfants, de grandir plus harmonieusement.

> Toutes les situations sont différentes, et il n'y a pas de recette, ni pour les uns, ni pour les autres.

L'intérêt de l'enfant

Pour regarder l'intérêt des enfants dans toute situation de séparation, il faut avoir à l'esprit quelques vérités premières. À la lumière des expériences cliniques, il semble possible d'affirmer qu'une rupture aura moins de conséquences négatives sur les enfants si l'on suit quelques règles de bon sens.

* De quoi l'enfant a-t-il besoin ?

- **L'enfant a besoin de parents exerçant suffisamment bien leur fonction parentale**, mais les rapports entre ses parents ne le concernent pas, et les soubresauts qui les agitent ne devraient pas, *a priori*, mettre en cause la capacité d'un père ou d'une mère à jouer convenablement le rôle qui est le sien. Les difficultés surviennent lorsque, de manière déraisonnable, les parents ne peuvent s'empêcher de mêler leurs enfants à leurs querelles passionnelles et les engagent à prendre parti pour l'un ou pour l'autre. Même si la question n'est pas posée explicitement (elle l'est même quelquefois), l'enfant se trouve obligé de répondre à cette question crucifiante pour lui. Qui préfères-tu ? Il doit, de ce fait, renoncer à une partie de lui-même. Il est sans cesse pris dans la problématique de la loyauté, de la double loyauté à ses parents.

- **L'enfant doit connaître le plus clairement possible les raisons qui ont motivé la séparation**, même si elles sont douloureuses à entendre. S'affronter à une réalité difficile mais connue est moins pathogène que de faire face à l'inconnu, et de se donner des réponses forcément anxiogènes. Les enfants se feront, à partir de ce que les parents auront dit, leur propre vérité, qui n'appartient qu'à eux, et qu'il faudra respecter. Mais si l'enfant a besoin de connaître la vérité, il faut bien sûr éviter de l'envahir avec des confidences inutiles, et surtout avec des secrets qu'il doit garder vis-à-vis de l'autre parent ou d'autres membres de la famille (frère, sœur, grands-parents).

- **L'enfant doit se sentir délivré du poids d'une éventuelle responsabilité dans la genèse de la rupture parentale**. Même si des conflits autour de son éducation ont précédé la rupture, ce ne sont pas ces raisons seules qui ont provoqué l'événement, et l'enfant doit l'entendre dire.

- Plus il sentira un **effort de communication à son sujet** afin de diminuer les divergences dans les attitudes éducatives, plus il se sentira respecté et désiré par ses deux parents.

- **L'enfant doit savoir qu'il a toujours la possibilité de rencontrer l'autre parent** quand il en a réellement besoin, mais cela doit se faire selon des règles, pour ne pas tomber dans le piège classique : « Quand cela ne va pas chez l'un, je menace d'aller chez l'autre. » Les manipulations de l'enfant sont à peu près inévitables lorsque celui-ci perçoit des demandes différentes, même si les parents essaient d'être cohérents. Lorsque les échanges entre l'enfant et le parent absent sont désirés mais ne peuvent se réaliser parce que l'un des conjoints faillit à sa tâche, cela doit être précisé à l'enfant comme une réalité. Il n'apparaît pas sain que l'autre partenaire couvre de mensonges l'existence de ces dérobades. Puisqu'il y a conflit, il faut que celui-ci soit nommé, car autrement il restera une énigme pour l'enfant et ne pourra pas être liquidé.

- **Toujours dans le sens de l'authenticité, il ne faut pas que l'enfant soit nourri dans l'illusion d'une réunification éventuelle** si celle-ci n'est pas envisagée par les deux parents. Il arrive fréquemment qu'un des conjoints, n'ayant pas fait le deuil de la rupture, puisse entretenir inconsciemment le mythe réunificateur.

- **Le vécu antérieur ne peut pas être renié** ; il en est de même pour les rencontres nouvelles dans une future famille. L'enfant doit pouvoir en parler et se sentir compris. L'admiration de l'enfant vis-à-vis de l'ex-conjoint, qui peut évoluer dans le temps, met toujours le parent devant sa propre responsabilité et sa propre image. Cela est difficile pour lui, pourtant ce sentiment positif est nécessaire pour le développement de l'enfant et pour son étayage psychique.

- **Ce qui est essentiel, c'est que chaque enfant puisse exprimer son univers de contradictions et d'attentes**, ses déceptions et ses amours. Sera-t-il possible de le faire dans une situation familiale partagée ? Certains parents auront besoin d'une médiation pour entendre de leurs enfants ces interrogations et ces contradictions.

> En définitive, être père ou être mère ne dépend pas des rapports affectifs ou sexuels qui unissent ou divisent un homme et une femme, même si ces rapports ont été à l'origine de leur enfant. Cela émane de leur désir de transmettre la vie, de leur capacité à exercer leurs responsabilités à l'égard d'un enfant qu'il faut protéger, et aux besoins duquel ils ont mission de pourvoir. Il faut à tout prix veiller à ce qu'il ait une vie d'enfant pour lui permettre de grandir.

Ces séparations et ces nouvelles familles doivent nous pousser à nous interroger sur le rôle et les besoins de chacun et sur la nécessaire séparation des générations.

* Que doivent faire les adultes pour faciliter les recompositions familiales ?

Ils doivent favoriser la communication. Vital pour l'individu, le dialogue entre les personnes dans le respect du désir de l'un et de l'autre doit être maintenu.

De nouvelles fratries naissent, qui peuvent nous apprendre beaucoup sur les capacités qu'elles ont dans leur régulation propre, sans toujours se référer à la verticalité, c'est-à-dire à la relation aux parents.

Cela demande à chacun d'écouter l'autre et de renégocier sa position dans la ou les situations nouvelles, dans une période où les rôles ne sont plus institués de l'extérieur.

Ils doivent profiter de la nouvelle image sociale de la famille recomposée. Les enfants de parents séparés ne sont plus stigmatisés ; il n'y a plus sur eux le poids du regard social négatif. Il y a trente ou quarante ans, on ne regardait pas tout à fait un enfant de divorcés comme les autres. Élisabeth Roudinesco[56], psychiatre, en parlant de ses souvenirs d'enfance, explique comment la séparation de ses parents, il y a plus de quarante ans, la rendait différente de ses pairs.

Dernièrement, une mère de trois enfants explique à son fils de dix ans qu'elle se sépare de son mari, puisqu'ils ne s'entendent plus. Tandis qu'elle lui donne des explications, sans doute un peu mal à l'aise, l'enfant lui dit : « J'en ai plus d'un dans ma classe ; je vais leur demander comment ça fait. »

Ils doivent faire profiter leurs enfants de la pluralité des

56 *La Famille en désordre*, Fayard, 2002

expériences. Cette pluralité dans les familles recomposées manifeste une inventivité qui peut être positive. Si les adultes qui les entourent sont vigilants, si les parents savent demander de l'aide par la médiation, les enfants peuvent vivre du fait des mutations sociales dans un monde plus ouvert et dynamique. La séparation ne sera pas nécessairement un handicap définitif pour l'enfant, même si c'est toujours un temps personnel difficile.

En dépit des difficultés toujours présentes, les recompositions familiales tissent des relations inédites. Unies par une même volonté de vivre ensemble, les familles se construisent et se reconstruisent avec la nécessité de préserver la continuité d'un lien familial pour les enfants, malgré la fragmentation des territoires, la diversité des sentiments et le métissage des éducations.
En ayant le souci de garantir à chacun une vie d'enfant, elles explorent l'horizon du possible dans ces fratries complexes.

Rien n'est jamais joué, mais si chacun tient son rôle et seulement le sien, on peut trouver un enrichissement dans certaines familles multiformées, où de nouvelles identifications et de nouveaux attachements sont proposés aux enfants à condition qu'ils soient durables.

Nous pouvons également rencontrer cette possibilité dans les familles par adoption. Certaines nous montrent comment, sans lien de sang, et souvent avec des origines diverses, elles peuvent construire des liens fraternels comparables à ceux que nous connaissons dans les familles classiques.

Chapitre X

ENFANTS ADOPTÉS : ENFANTS DE SANG ET DE CŒUR

Dans les familles adoptives, qu'elles soient composées d'enfants biologiques et d'adoptés ou uniquement d'enfants adoptés, c'est le partage des parents qui est le « ciment » des fratries. La rivalité se rencontre comme dans toutes les familles. Cependant, on remarque que les enfants utilisent, dans leur rivalité, leur particularité d'adoption, ce qui devient une spécificité et peut parfois déstabiliser les parents.

Accueillir un nouveau frère, une nouvelle sœur

Il semble fréquent que les parents qui adoptent pour la deuxième ou troisième fois se sentent parfois coupables de faire ce « mauvais coup » à leurs enfants, puisqu'ils ont déjà souffert de l'abandon. Certains, en effet, peuvent réagir très violemment à l'arrivée du nouveau venu.

On dit que les familles dites « arc-en-ciel », c'est-à-dire quand il y a des cultures et des ethnies différentes, donnent des fratries solides et sans grande rivalité, d'autant plus que le nombre d'enfants est important.

Couleur de peau, religion, culture, les enfants de Joséphine Baker se devaient d'être divers. Ainsi, nés aux quatre coins du monde, ils n'auraient jamais dû se rencontrer, et *a fortiori* s'aimer ; ils sont aujourd'hui membres d'une même famille et portent le même nom. Devenus adultes, ils sont maintenant dispersés, mais chacun sait où sont les autres et ce qu'ils font. Comme dans toutes les familles, des dissensions existent, mais « ils sont indéfectiblement liés, liés comme une fratrie quelconque, jamais remise en question par aucun d'eux : frères et sœurs ordinaires d'une histoire exemplaire[57]. » Nous n'avons pas eu accès à cette histoire familiale, sinon par les médias, mais nous avons rencon-

57 Monique Courbeyre, « Douze des quatre coins du monde », *Revue Autrement*, février 1990.

tré quelques fratries de différentes ethnies dans des familles adoptives.

Selon l'histoire personnelle des parents et leur sérénité, la conflictualité prendra des tournures différentes. Lorsqu'il y a des enfants biologiques et adoptés, les difficultés ne sont pas toujours du même côté. Un adolescent a eu beaucoup de mal à accepter un frère adopté, qui satisfait beaucoup plus ses parents, et leur reproche perpétuellement d'avoir adopté ce jeune frère.

De même, un enfant biologique arrivé huit ans après deux adoptions a eu du mal à trouver sa place dans la fratrie. Cependant, si les difficultés sont surmontées, c'est certainement une source d'enrichissement que d'accueillir une fratrie. Mais il ne faut pas présumer de ses forces (l'amour ne suffit pas), et l'on ne doit pas se sentir coupable ou humilié d'avoir à demander de l'aide à des professionnels compétents, qui ont une expérience dans ce domaine.

* Héloïse et Paulo

Héloïse, douze ans, a été adoptée à trois mois ; elle a toujours su son adoption. Tout s'est passé normalement dans son enfance. Ses parents ont souhaité un autre enfant. Les parents l'ont associée aux démarches pour l'adoption de Paulo en Colombie.
Quelque temps après l'arrivée de Paulo, Héloïse a manifesté des signes de souffrance : repliée sur elle-même, moins de dynamisme, baisse du rendement scolaire.

Les parents, un peu inquiets, sont venus consulter. Héloïse et ses parents ont été suivis pendant quelques mois. Elle a retrouvé le goût de vivre et son entrée en sixième s'est bien passée. Nous avons pu reconstituer avec Héloïse et ses parents son histoire de rivalité avec son frère.

Héloïse raconte :
« On est allé chercher Paulo ; il est de Colombie. Ma mère m'avait expliqué que c'était bien pour moi d'avoir un petit frère. Comme c'est difficile de trouver en France des bébés comme moi, ils ont fait des démarches à l'étranger. De plus, on avait des amis qui étaient allés chercher des enfants en Colombie. Moi j'étais contente ; d'abord avant qu'il arrive, on en parlait beaucoup ; j'avais des cartes d'Amérique et avec un feutre, nous avions entouré la Colombie. J'imaginais qu'on le trouverait dans la rue et qu'on l'emmènerait avec nous. J'avais dit à mes copines qu'on partait en Amérique chercher mon frère, qui serait bronzé par le soleil. Mon père m'avait promis qu'on m'amènerait parce que j'étais concernée : « Le petit frère, c'est aussi pour toi. »
On a fait un long voyage ; il faisait chaud. Mes parents ont vu beaucoup de personnes, pour remplir les papiers ; c'était long, et je ne voyais toujours pas mon petit frère ; ensuite, nous sommes allés à l'orphelinat, où il y avait beaucoup d'enfants et des religieuses. J'avais le cœur qui battait, mais maman l'avait encore plus que moi. On a traversé beaucoup de couloirs.
Comment va-t-il être ? Papa me dit qu'il sera plus grand que moi quand j'étais arrivée, parce qu'il aura près de deux ans.

Dans une pièce, il y avait Paulo entouré de jouets, et une dame qui s'occupait de lui. Maman et papa se sont avancés, mais lui ne regardait pas. Maman pleurait ; je me disais : « Heureusement qu'il ne regarde pas vers nous, que penserait-il d'une maman qui pleure en le voyant ? Nous sommes restés un peu de temps, et nous sommes repartis. On est venu le voir plusieurs jours ; combien, je ne sais, mais j'ai trouvé long ; maman m'a dit : « C'est pour qu'il s'habitue », moi je pense qu'il ne devait pas aimer qu'on vienne et qu'on reparte. Papa lui disait des mots en espagnol, maman un peu, mais elle ne savait pas la langue.
Après ils sont allés dans des bureaux pour les papiers. Ils apprenaient tout de son histoire, pourquoi il était dans un orphelinat, qui était sa mère, et plein d'autres choses. Je pense que c'était bien, mais je me demandais pourquoi ils devaient connaître tout ça pour l'aimer ! Pour moi ils ne savaient rien, puisque ma mère a accouché sous X ; mais je trouvais que c'était bien pour lui, parce qu'il saurait des choses. »
La maman explique que lorsque ses enfants se disputent, Paulo dit à sa sœur : « Moi j'ai un pays, toi tu n'en as pas. » Et sa sœur parfois lui rétorque : « Mais si je n'étais pas allée te chercher, tu ne serais pas ici et tu n'aurais pas de parents. »

> Les rivalités des enfants sont des rivalités fraternelles, mais elles prennent sens pour eux, dans leur histoire personnelle. On peut penser que le petit Paulo utilise sa différence pour se valoriser et conquérir ses parents qui pourraient se sentir coupables vis-à-vis d'Héloïse d'avoir un second enfant.

L'adoption simultanée d'une fratrie

Il arrive aussi que l'on demande à des futurs parents d'accueillir une fratrie. Cela est quelquefois leur souhait. Sans doute faudra-t-il décrypter leur demande et le sens qu'elle a dans leur économie psychique. Assez fréquemment un couple un peu âgé ou une personne seule désire avoir deux enfants en même temps, n'ayant pas ainsi à recommencer la démarche. Si on comprend bien les motivations, il faut être très vigilant et bien peser les données pour éviter les écueils.

> Désirer avoir deux enfants ne suffit pas pour réussir cette aventure. Il faut reconnaître que l'incitation vient parfois des services sociaux ou des associations, sans en mesurer le bien-fondé.

Il arrive également que les circonstances amènent deux enfants ayant un lien biologique à devenir adoptables en même temps. La situation est délicate et il faut réfléchir en amont pour proposer et réussir ces adoptions.

Accueillir une fratrie n'est pas un acte banal. Plusieurs enfants font irruption en même temps dans la vie d'un couple ou d'une famille déjà constituée. Il sera nécessaire de pouvoir répondre aux attentes et besoins de chacun, qui seront forcément différents selon leur âge, leur vécu et leur histoire. L'adoption d'une fratrie n'est pas l'équivalent de deux ou trois adoptions successives, comme certains peuvent l'imaginer. Souvent les parents ont attendu tellement longtemps qu'ils pensent qu'en avoir deux les dispensera de démarches lourdes et d'attentes interminables.

Perturbant toujours sur le plan matériel, mais également sur le plan affectif, l'accueil d'une fratrie est source d'un grand bouleversement dont la réussite peut donner à tous des joies immenses, mais dont il ne faut pas minimiser les échecs.

* Le lien biologique n'est pas un garant de réussite d'une fratrie adoptée

Il y a quelques années, a été suivie à l'hôpital Saint-Vincent-de-Paul une fratrie de trois avec leurs parents. Ils avaient adopté une petite fille qui avait six ans. La mère était d'origine polonaise. Souhaitant adopter un deuxième enfant, ils s'étaient tournés vers ce pays, et avec leur agrément, ils sont partis en Pologne. Là-bas, ils ont rencontré une petite fille de dix-huit mois, puis ont appris que celle-ci avait un frère de trois ans dans l'orphelinat, récemment abandonné. On peut comprendre leur perplexité et leur angoisse, quand on leur a proposé le garçon. Finalement, ils sont repartis en France pour avoir un second agrément et pouvoir ensuite aller chercher leurs deux enfants.

> **Les parents se sont sentis contraints d'adopter un deuxième enfant, sans préparation, sous le prétexte qu'il avait un lien biologique avec le premier.**

Très vite, les difficultés se sont installées. La mère, qui pensait ne prendre qu'un congé de maternité, a été obligée de s'arrêter de travailler, ce qu'elle a mal supporté parce qu'elle avait beaucoup investi son activité professionnelle. Les enfants venus en consultation avec leurs parents avaient sept ans, quatre ans et vingt-six mois. La mère était très déprimée et aucun enfant n'allait bien ; l'aînée était particulièrement jalouse de la petite sœur qui avait pris sa place ; le petit garçon était encoprétique[58], et la dernière était manifestement régressive, demandant beaucoup, mais n'arrivant ni à intéresser ses parents ni à grandir.

La maman reprochait au père d'avoir accepté la fratrie (c'était lui qui avait dit : « On ne peut pas l'abandonner »), mais elle-même, concernée par ses difficultés, ne voyait que l'agressivité de ses enfants entre eux ou avec elle. Des consultations thérapeutiques ont été proposées à la famille, mais cela a été très difficile, et nous avons eu le sentiment que nous n'avons pas pu les aider.

> **Ces deux enfants n'avaient en commun que le lien biologique (l'arrivée à l'orphelinat du garçonnet était récente). Dans cette fratrie, ces trois êtres étaient des étrangers les uns pour les autres, et l'intégration par une mère débordée et déprimée n'a pu être qu'un échec.**

En général, ceux qui ont passé leur petite enfance ensemble comptent l'un sur l'autre ; ils ont une grande

58 Ce qui signifie qu'il faisait ses selles dans la culotte.

intimité, et cela les aide à trouver leur place dans une famille déjà construite.

L'idée que l'on pourrait séparer les membres d'une fratrie indigne la plupart des personnes interrogées, et aussi beaucoup de professionnels de l'enfance. Dans tous les cas, nous devrions nous poser la question : où est l'intérêt de chaque enfant et quelle est sa capacité à créer des liens dans une famille ?

* Séparer les frères et sœurs à l'adoption ne rompt pas toujours les liens fraternels

Voici une autre histoire d'adoption, qui s'est heureusement bien terminée, au moins pour le garçon. Dans une maison d'enfants à caractère social[59], on avait accueilli deux enfants, frère et sœur ; le garçon avait neuf ans et la fille onze. Tous les deux s'étaient trouvés juridiquement adoptables dix-huit mois auparavant. Ils avaient été placés « en vue d'adoption » dans une famille. Assez vite, Eric s'est bien adapté, mais Véronique a présenté de graves troubles du comportement ; elle a été suivie dans une consultation près du domicile familial, mais les choses ne se sont pas arrangées. Au bout de quelque temps, l'ASE[60], qui avait toujours ces enfants à charge, a décidé de les déplacer, l'intégration dans la famille ne se faisant pas. Nous avons reçu avant l'accueil les deux enfants et leurs futurs parents… Il était frappant de voir la différence d'investissement des deux. Certes Véronique était très difficile, mais Eric faisait partie de la famille, et

59 Maison d'enfants qui reçoit des enfants confiés par la protection sociale ou judiciaire.
60 ASE : Aide Sociale à l'Enfance.

Monsieur et Madame A. étaient bouleversés à l'idée de se séparer d'Eric, mais ils pensaient que c'était inexorable en raison de l'attitude de Véronique.

Nous avons tenté de discuter avec l'équipe de l'ASE, qui nous confiait les enfants, mais celle-ci ne voyait pas la possibilité de séparer les deux enfants ; c'était impensable, d'autant qu'ils avaient des liens très forts et qu'ils avaient passé une partie de leur enfance ensemble. Les deux enfants ont été acceptés dans l'établissement, car il s'agissait d'une situation de crise. Au bout de quelques semaines, Eric et Véronique sont allés en week-end chez Monsieur et Madame A., séparément. Pour Eric, cela se passait très bien, mais pour Véronique, moyennement. Très vite cependant est apparu chez Eric le désir de retourner chez lui, et Véronique, même si elle en souffrait, ne voulait pas revenir définitivement chez Monsieur et Madame A.

Après quelques mois, Eric a pu effectivement retourner chez ses « parents », et cela a été concrétisé par une adoption. Véronique allait de temps en temps voir son frère chez eux ; elle est restée dans l'établissement à peu près trois ans ; elle a fait la connaissance d'une famille de parrainage qui a créé des liens authentiques avec elle. Nous avons eu l'occasion de la revoir. Elle a vingt-quatre ans et va bien. Elle a toujours une relation assez suivie avec sa famille de parrainage, et dit rencontrer son frère assez souvent en dehors de ses parents.

> Cette histoire de fratrie, même si divergente à cause des aléas de la vie, a permis que des liens fraternels persistent, et soient certainement pour chacun un garant de leur continuité interne.

Faut-il rechercher ses origines ?

Un problème que rencontrent fréquemment les parents de deux enfants adoptés, c'est que l'un recherche à toute force ses origines, tandis que l'autre ne manifeste pas cette même avidité. Cela déstabilise parfois les parents qui, aidés en cela par les médias, pensent que celui qui ne recherche pas n'est pas normal. À chacun sa vérité et à chacun sa trajectoire personnelle.

Mon avis sur l'adoption et la fratrie

La filiation par adoption peut constituer des fratries ordinaires avec leur lot de difficultés et de risques.

L'adoption d'une fratrie est certainement un pari difficile et le désir ne suffit pas tant les besoins de chaque enfant sont différents.

Mes nombreuses rencontres avec des familles par adoption où peuvent cohabiter enfants de sang, de cœur ou

seulement des enfants adoptés, m'ont fait penser que les rivalités, les exigences se jouent de la même manière que dans les familles ordinaires, car c'est toujours l'amour parental qu'il faut partager.

Les projections des parents adoptifs sur leurs enfants peuvent parfois peser très lourd sur eux, aussi ai-je l'habitude de dire qu'il est plus facile d'être enfant adopté que parent adoptif.

Chapitre XI

FRATRIES EN PLACEMENT FAMILIAL : FRATRIES DE SANG, DE LAIT, DE CŒUR

Lorsqu'il faut placer des enfants pendant un certain temps dans une famille, ayant parfois elle-même d'autres enfants, peut-on reconstituer une fratrie ? C'est le problème des placements familiaux.

Le placement, souvent synonyme de division de la fratrie

Cela se rencontre pour un certain nombre d'enfants qui ne peuvent vivre avec leur famille. Pendant des décennies, l'action sociale a consisté à donner à un enfant privé de parents une famille d'accueil ou plutôt une nourrice, qui assure le gîte et le couvert, pour la survie de l'enfant. Peu à peu, on s'est préoccupé de son éducation, et très récemment, de son développement psychique. L'essor des sciences humaines, la connaissance de plus en plus fine de la psychologie du petit enfant et de ses interactions précoces avec son entourage, nous ont montré combien les premières relations étaient importantes et conditionnaient souvent la vie future. C'est ainsi qu'on a développé et perfectionné les placements familiaux. Certains enfants, ne pouvant bénéficier d'un accueil familial, sont plutôt dirigés vers des institutions ; celles-ci sont constamment en progrès, restant à taille humaine, en essayant de s'adapter aux enfants et non l'inverse, ce qui a été malheureusement très fréquent…

Ces enfants, en mal de parentalité, très souvent carencés, dont les premiers investissements ont été défaillants, peuvent bénéficier de soins en placement familial, si certaines conditions sont remplies. Cependant, ils appartiennent à des fratries parfois nombreuses, et le placement inaugure une rupture parentale, et aussi une séparation de la fratrie dont on s'est peu préoccupé jusqu'ici.

Des questions fondamentales se posent : faut-il reconstituer la fratrie biologique dans un placement familial ? Cela n'est pas souvent possible. Est-ce souhaitable ? La situation de certaines fratries est extrêmement complexe. Les pères sont différents ; ils n'ont pas le même statut dans leur famille ; un enfant a pu être maltraité gravement, ce qui a motivé le départ des autres. Comment vivra-t-il alors avec ses frères et sœurs, qui pourront lui reprocher la séparation ?
Cela dit, même si on se préoccupe actuellement du lien entre les fratries non placées ensemble, les interventions sociales l'ont très peu pris en considération.

Les villages d'enfants

Cependant, depuis cinquante ans, les villages d'enfants ont mis en œuvre un regroupement, dans une même maison, des frères et sœurs auprès d'une personne « mère de famille ».

Le père fondateur, Herman Gmneiner, est le septième des huit enfants d'une famille de fermiers modestes. Il a quatre ans lorsque sa mère décède en donnant naissance au benjamin. Des amis du père proposent de prendre en charge les petits, mais celui-ci refuse, ne voulant pas les séparer, et désirant assurer lui-même leur éducation. La sœur aînée lui sert de « substitut maternel ». À dix-neuf ans, il devient soldat et combat dans une Europe bouleversée par la guerre. Il reprend alors ses études car il veut devenir médecin. Son action au sein des mouvements de jeunesse lui permet de se pencher sur les problèmes relatifs aux enfants « moralement abandonnés ». Le 24 avril 1949, Villages d'enfants est édifié au Tyrol[61].

Pour les successeurs de Gmneiner, la fratrie biologique est un secours et un recours dans les difficultés et l'adversité. La fratrie supplée aux parents défaillants. Un instituteur du Nord, Gilbert Cotteau, crée l'Association française sur le modèle autrichien : le premier village s'ouvre en 1956.

* Accueillir des fratries

Les villages d'enfants ont pour vocation d'accueillir des fratries. Plusieurs situations se présentent :
– éviter la séparation de la fratrie lors d'un placement afin d'empêcher le traumatisme d'une rupture supplémentaire ;
– en cas de placement déjà réalisé, regrouper les enfants d'une même fratrie, lorsqu'il apparaît que la séparation est source de souffrance et peut être préjudiciable aux enfants.
La principale préoccupation est cependant de donner une famille à ces enfants en déshérence.

61 Villages d'enfants SOS : Societas Sociales. SOS Villages d'enfants est une association qui accueille des enfants confiés par la protection sociale et judiciaire.

* Une « mère SOS » pour six ou sept enfants

Elle fait le choix d'élever des enfants qui ne sont pas les siens. S'occuper des enfants qui ont vécu des situations douloureuses et qui souffrent de carences, demande un engagement personnel, un bon équilibre et une solide formation. C'est une activité salariée.

Une aide familiale seconde la « mère SOS » et la remplace pendant ses congés. L'engagement de la « mère SOS » doit se faire en principe sur un long terme, c'est-à-dire jusqu'à la fin du placement qui sera la majorité ou le retour dans la famille naturelle, si les conditions juridiques, psychologiques et affectives le permettent.

Une équipe pluridisciplinaire, responsable de l'évolution des enfants, doit être proche pour éviter les risques inhérents à cette profession : l'amour ne suffit pas.

* Une vie normale

Le principe de ces villages repose sur l'idée de replacer l'enfant dans des conditions de vie normale :

– construire des maisons comme dans un quartier ou un village, une maison comme les autres, avec chambres, une salle à manger, ses frères et sœurs autour de lui, et une mère d'accueil, pivot de la relation ;

– ouvrir toutes grandes les portes de ces maisons sur le monde extérieur : école, partage des loisirs, etc ;

– trouver, à la lumière de cette expérience vivante, une formule sans cesse adaptée aux besoins réels de l'enfant.

Qui sont ces enfants ?

Actuellement, les jeunes accueillis dans les villages d'enfants sont des enfants dont les liens avec les parents sont soit gravement perturbés, soit inexistants au point de ne plus permettre l'étayage indispensable à leur évolution. La plupart d'entre eux sont confiés par les juges pour enfants. Ils vont trouver au village une éducation familiale entre une mère d'accueil et un groupe de jeunes qui seront parfois des frères et sœurs de sang, mais pas systématiquement. Généralement, il existe une ou deux fratries, parfois un enfant seul.
Il est vrai que les travailleurs sociaux qui ont à placer une fratrie de trois ou plus en placement familial songent en priorité à des villages d'enfants, bien que cela ne doive pas être un dogme, mais plutôt une évaluation clinique des besoins de chacun d'eux.

* Nouvelle famille, nouvelle fratrie

Lorsque le maintien des liens avec leur famille d'origine est possible et souhaitable, certains enfants la rencontrent parfois, passent les vacances avec leurs parents.
Cependant, pour les villages d'enfants, le temps du placement doit se faire dans la durée, pour permettre un étayage suffisant de relations affectives avec cette nouvelle famille. Cela crée souvent des différends et des rivalités dans les fratries : ceux qui voient leurs parents ou qui entretiennent quelques liens et ceux qui, sans relation, ne peuvent qu'ima-

giner ou rêver leur famille d'origine. Ces fratries de sang et d'accueil, dans un contexte institutionnel, peuvent, si les familles sont gérées et soutenues, forger entre elles des liens fraternels non biologiques, aussi efficaces pour leur développement que les liens de fraternité habituels.

> **Ces familles artificielles peuvent s'épanouir et les enfants vivre leur vie d'enfant s'ils se sentent compris, admis et reconnus par l'environnement. Elles ne doivent pas être magnifiées, mais simplement considérées comme pouvant donner aux jeunes en souffrance un étayage psychique qui leur permette de grandir et d'accéder à une vie d'adulte autonome pour être à leur tour des parents suffisamment bons.**
> **L'expérience de ces jeunes rencontrés, même plus tard, montre que c'est une véritable vie fraternelle qu'ils ont vécue dans ces lieux d'accueil.**

Fratries de lait et de cœur dans une famille d'accueil

Lorsqu'un enfant souffre de manière importante des carences de sa famille et que les parents ne lui donnent pas les investissements suffisants pour se structurer, on pense proposer, surtout s'il est jeune, une famille d'accueil dans laquelle un étayage affectif et des soins viendront lui permettre de démarrer un processus de développement souvent entravé.

Le placement familial a longtemps fonctionné dans l'illusion qu'à une mauvaise famille, il suffisait de substituer une bonne famille pour que les enfants puissent évoluer harmonieusement.

Les nombreux échecs amenèrent beaucoup d'équipes de placement spécialisé à s'interroger sur le sens de leurs interventions ; le placement familial n'est plus la solution à la séparation, mais une indication d'une action complexe s'inscrivant dans un processus de soins à l'enfant, comme le préconise Myriam David dans *Le Placement familial*[62].

La question du placement conjoint des fratries se pose alors, comme toute question d'évaluation clinique, dans une structure précise.

* La question de la séparation des fratries

Deux enfants de la même fratrie vont-ils bénéficier d'un placement dans une même famille ? Comment la structure familiale antérieure fraternelle était-elle située avant le placement ? Si au départ la famille n'existe qu'en référence aux parents, comment ces deux ou trois enfants ont-ils vécu leur filiation ? Ont-ils eu des adultes autour d'eux fonctionnant comme parents ?

62 Myriam David, *Le Placement familial*, ESF, 1989.

Autant de questions qui peuvent permettre une évaluation clinique favorable ou non à la séparation des fratries. Certains placements familiaux en font un principe « pour ou contre la séparation des fratries ». Le propos de ce livre n'est pas de prendre parti, mais seulement de souligner qu'en chacun de nous, cette question est complexe, et que nous raisonnons avec des éléments conscients et inconscients. D'abord notre propre représentation d'une fratrie, notre place dans celle-ci, et la capacité imaginaire que nous avons ou pas de nous séparer de nos frères ou sœurs, et enfin nos expériences personnelles dans ce domaine.

Un enfant placé est extrait de sa famille d'origine et se retrouve dans une famille d'accueil. Il peut être le plus jeune d'une famille constituée d'enfants biologiques ; il peut être l'aîné où cohabitent enfants biologiques et enfants placés. Il va avoir à se confronter à une fratrie déjà existante. S'il arrive dans cette famille avec un frère ou une sœur biologique, les premiers temps seront moins difficiles pour lui, et ce frère servira « d'objet transitionnel », c'est-à-dire qu'il fera le lien entre le parent absent et lui-même. Beaucoup de familles d'accueil pensent que c'est un « plus », au moins au départ, pour un enfant, dans le traumatisme de la séparation.

En arrivant dans une famille d'accueil, l'enfant va peu à peu s'intégrer dans cette nouvelle fratrie. Il va d'abord rejouer la place qu'il avait dans sa famille d'origine et, là, ses positions seront très variables…

Petit à petit, il va s'inscrire dans cette famille. Tout d'abord dans les liens qu'il va nouer avec ses parents d'accueil, liens affectifs dont il aura besoin pour grandir et restaurer son image ; cela se fera dans l'exclusion des autres, la rivalité deviendra vite fraternelle : on partage le pain, l'affection parentale, les différents rites, le quotidien fait de bons et de mauvais moments.

La fratrie fournit la possibilité, à l'intérieur du système familial, d'établir des relations au pluriel, ce qui a une valeur de socialisation tout à fait remarquable.

Quand les liens se seront éprouvés au choc des avatars de la vie quotidienne, dans la réalité et non pas dans le rêve ou l'illusion du début, le « ciment fraternel » permettra que les relations entre frères de lait puissent demeurer au-delà ou malgré les conflits des enfants avec les adultes.

* Fratrie de cœur aussi forte que fratrie de sang

La fratrie apporte des éléments de complicité, petits sous-groupes avec leur intimité, secrets qu'on ne partage pas avec l'adulte. Tout est gardé comme un jardin secret entre frères et sœurs, et cela est extrêmement important. La nécessité de partager que sous-entend la nouvelle fratrie, et aussi de supporter un certain nombre de frustrations, peut apporter quelque chose à l'autre, aidant au processus de passage de l'illusion à la désillusion, sans qu'il en soit trop meurtri ou déprimé.

Le problème important dans les fratries biologiques qui ne sont pas placées ensemble demeure les rencontres et l'évaluation de celles-ci qui doivent se faire en dehors même de leur famille d'origine. Ensemble, ils pourront parler de leur histoire commune avant le placement ; ils pourront partager des expériences de leur vie, qui seront forcément différentes ; ils pourront s'enrichir de leur diversité… À eux, plus tard, de conserver ou pas ces liens d'enfants appartenant à une origine commune.

Les enfants placés dans des familles d'accueil gardent généralement des liens avec leurs frères et sœurs dont ils ont partagé l'existence pendant un temps de leur enfance.

Très récemment une lettre nous est parvenue dont voici quelques mots : « Montrant votre intérêt pour les fratries de lait et de cœur, je vais donc vous parler de ma vie.
Ma mère m'a reconnue, mais alors que j'ai été hospitalisée à l'âge d'un an, ma mère n'est pas venue me chercher. Après enquête, il s'est avéré qu'elle avait disparu sans laisser d'adresse. J'ai été déclarée « enfant abandonné et pupille de l'État », remise au foyer de l'enfance. De là, en pouponnière et en famille d'accueil. À huit ans, j'ai changé de nourrice, et c'est là que nous sommes devenus une fratrie de sept.
Moi, j'étais l'aînée (sans frère ni sœur) ; il y avait déjà deux filles et deux garçons, frères et sœurs, de sept, six, cinq et quatre ans.
Puis, un an après, est arrivée une fille, bébé. Et ensuite, deux

ans s'étant écoulés, est arrivé un bébé de neuf mois, une petite fille de la nourrice qui venait de perdre sa maman.
Étant l'aînée, je me suis beaucoup occupée des autres, et j'aimais ça, mais je devais aussi participer aux tâches ménagères. Je voulais réussir ma scolarité ; comme j'avais du caractère, j'y suis arrivée.
Les jours n'étaient pas toujours drôles, car nous étions enfants de l'Assistance, donc pas grand-chose de bon, nous répétait la nourrice. Heureusement, entre nous les enfants, nous nous entendions bien, et nous avons compris très tôt que nous ne devions rien attendre des autres (des adultes sans doute), et qu'il fallait nous débrouiller seuls. Et puis, il y avait une nette différence faite entre sa petite fille et nous. Il ne fallait pas se plaindre, nous ne devions pas avoir mal. Pendant ce temps, la petite fille de la nourrice grandissait et comprenait ce qui se passait, et en profitait.
De quatorze à dix-sept ans, j'ai été en pension chez des religieuses, pour poursuivre mes études. Je ne regrette pas une certaine partie de l'éducation, car heureusement, j'avais beaucoup de camarades. Je m'entendais avec tous mes frères et sœurs, et je voulais la paix.
J'ai toujours gardé des relations avec eux. La plus jeune des quatre sœurs est marraine d'un de mes fils. Avec la petite fille, nous nous téléphonons régulièrement.

Faire partie d'une famille nombreuse a été pour moi un gros avantage, car n'étant pas particulièrement choyé par la nourrice, nous nous apportions mutuellement notre affection. J'avais toujours rêvé d'avoir une grande famille, pour

pouvoir leur apporter ce que je n'avais pas eu. Quand j'ai connu mon mari, il était veuf avec quatre enfants, dont le plus jeune avait seize mois. Moi, j'étais seule avec un fils de cinq ans. Nous avons décidé d'en faire un sixième pour clore le cercle de famille.
J'ai donc six enfants, et c'est là mon plus grand bonheur. »

Cette lettre très émouvante montre comment, dans les liens fraternels, cette personne a puisé les ressources nécessaires à son développement psychique.

La continuité des relations fraternelles dans les placements familiaux est fréquente, plus encore qu'avec les parents d'accueil. Il serait intéressant d'étudier ce phénomène et d'en comprendre le sens.

C'est aussi l'exemple d'une enseignante qui a vécu dans un placement familial entre cinq et douze ans. Revenue chez ses parents, elle a assez vite coupé les ponts avec sa famille d'accueil, mais a repris actuellement des relations avec une enfant de cette famille, qui a sensiblement le même âge, et avec laquelle elle a partagé le quotidien, les loisirs, les parents d'accueil… Elle est devenue aussi la marraine de son fils.

Les fratries de lait, de cœur, subsistent malgré les aléas de la vie, car elles se forgent dans des souvenirs partagés d'une partie de leur enfance.

Pour que les liens subsistent

• Pour que les relations perdurent, il faut que les rapports avec la famille d'accueil aient été suffisamment forts et souples dans le respect des individualités de chacun.
• L'expérience montre qu'au-delà des conflits et des ruptures parfois inévitables avec les parents d'accueil, subsistent souvent des liens très forts entre ses frères de lait et/ou de sang ; sans doute plus souvent que dans les fratries biologiques. On peut émettre l'hypothèse que la souffrance commune de la séparation avec leurs parents d'origine a facilité le lien entre eux et les a soudés.

> Ces histoires montrent que les fratries résistent à l'usure du temps malgré l'éloignement, les vies différentes, les conditions économiques ou sociales.

Chapitre XII

LA FRATRIE À L'ÉPREUVE DU TEMPS

Si l'expression frères et sœurs s'associe généralement à l'image de l'enfance, qu'en est-il des liens fraternels ? Sont-ils les amours perdues de nos paradis enfantins ? Que deviennent-ils à l'adolescence et plus tard ?

Le temps partagé tisse le lien fraternel

« Frère un jour, frère toujours », affirme l'adage bien connu. Pour sa véracité, il semble qu'il faille avoir partagé un moment de l'enfance.
Ainsi, Anne raconte : « J'ai vécu en fille unique jusqu'à seize ans ; à cet âge est arrivé un frère qui n'a pas été élevé en même temps que moi. Plus tard, nous avons créé quelques liens ; j'ai été un peu sa « protectrice » dans sa vie d'adulte, mais n'étant pas de la même génération, je ne le considère pas comme un frère. »

Une autre personne : « À ma naissance, un frère aîné de dix-huit ans avait quitté la maison pour faire des études. Il venait de temps en temps à la maison ; c'était un cousin ou un parent un peu éloigné. Maintenant, tous les deux adultes, nous nous voyons avec plaisir dans des réunions familiales, mais sans relation particulière. Nos parents sont morts, et rien ne pourrait me faire penser à un lien fraternel ; j'ai un vécu d'enfant unique. »

Rien n'a été partagé de l'enfance entre eux. De plus, il n'y a pas eu de maillon intermédiaire dans cette chaîne fraternelle. En effet, dans les familles nombreuses, il y a souvent quinze ou vingt ans d'écart entre l'aîné et le dernier, mais à l'intérieur, plusieurs enfants permettent de tisser le lien fraternel.

Celui-ci s'installe et se construit dans le partage d'un morceau d'enfance, dans la continuité et la longévité.

Cette notion de **temps partagé** nous paraît fondamentale dans les rapports entre frères et sœurs. Cela déterminera la formation des groupes, les rapports de force, les alliances mouvantes. La rivalité très forte au départ peut se modifier et devenir grande complicité, qui va perdurer dans la vie d'adulte.

Les différences d'âge s'estompent rapidement. Trois ou quatre années dans l'enfance peuvent être phénoménales pour les petits ; après l'adolescence, cela s'atténue et n'a plus de poids à la maturité.

La longévité permettra le partage des souvenirs, souvenirs d'enfance, bien sûr les plus nombreux, mais aussi ceux d'adolescence, avec leurs charges de plaisir et d'interdiction.

Dans la continuité du temps, ces souvenirs remémorés dans la vie adulte seront souvent des « secrets », ciment de la fraternité et interdits aux autres membres de la famille comme les conjoints. Dans beaucoup de repas familiaux, où frères et sœurs se retrouvent avec leur famille, un mot, un rappel de l'enfance de l'un provoque le fou rire et l'hilarité de la fratrie, tandis que les conjoints demeurent muets et semblent ne rien comprendre à ce qui est une expérience personnelle.

Le temps peut modifier aussi la répartition des places et des rôles dans la fratrie.
Loin du regard parental, les grands enfants s'organisent entre eux. Ainsi, les rangs de naissance peuvent être bousculés. Une deuxième fille, dont le statut n'avait rien de privilégié dans la famille, va devenir le médiateur de sa fratrie et permettre la résolution de conflits, notamment pour la sœur aînée. Ce statut, qui s'est révélé à l'occasion de difficultés familiales surmontées, lui a donné désormais un rôle de conseillère pour la fratrie dans toutes les circonstances de leur vie.

L'adolescence et la relation fraternelle

Quand les aînés atteignent la puberté et que les plus jeunes veulent s'organiser autour de la figure du frère ou de la sœur pris pour modèle, les choses se gâtent souvent dans la fratrie. La proximité des premières années, en créant une intimité, en interdit une autre à l'adolescence. L'adolescent, mal dans sa peau, à la recherche de son identité, est particulièrement odieux avec ses proches, notamment ses frères et sœurs. Ce sont souvent les récriminations que font les parents lors de consultations, même si ce n'est pas le seul motif de la rencontre. Ils se sentent ainsi accusés de mauvais parents, qui n'ont pas su maintenir une cohésion et une entente fraternelle.

On peut penser que les rivalités et jalousies de l'enfance, un peu mises en sourdine pendant la période de latence, vont resurgir. L'évolution de la sexualité réactive les difficultés œdipiennes ; il y a beaucoup de raisons pour que ces frères et sœurs en soient à « couteaux tirés ». Cette période de tourmente peut disparaître dans de bonnes conditions, mais nous pensons qu'elle a toujours une signification : c'est le début du dégagement hors de la fratrie. Il y a l'investissement d'objets nouveaux ; de ce détachement et de l'apport extérieur va naître un nouveau lien fraternel.

Si le développement s'achève, le pulsionnel reste. Le passé demeure longtemps à fleur de peau, prêt à être convoqué à nouveau par le présent. Le plaisir autrefois partagé, le sentiment d'invincibilité donné par la fratrie (le lien fraternel est généralement sécurisant et protecteur), l'intériorisation de règles communes, peuvent servir de lien.

* Inceste

La proximité physique entre un frère et une sœur peut être dangereuse, surtout à l'adolescence, car à cet âge l'appétit sexuel naît de pulsions instinctives produites en raison de la poussée pubertaire. L'adolescent regarde le corps de sa sœur et s'en émeut, et de ces émotions naissent les excitations sexuelles.

Cela est relativement fréquent lorsque les parents sont peu présents et indifférents affectivement à leurs enfants. Ces adolescents, en quête d'affection, se rapprochent, et leur intimité est plus grande.
Le désamour parental et l'incapacité à assurer un rôle éducatif, en posant un interdit, favorisent cette situation trouble.

Un cas clinique particulièrement douloureux peut l'illustrer. Véronique, dix-sept ans, a été hospitalisée pour une anorexie sévère. Elle est la troisième d'une fratrie, avec deux frères aînés. Sa petite enfance s'est déroulée sans trop d'histoires ; Véronique a toujours été la chouchou de la famille, surtout du père semble-t-il, car elle est la seule fille d'une nombreuse parentèle ; son père n'a que des frères, et ceux-ci n'ont eu que des fils.
Les parents ont une vie très indépendante, chacun « faisant sa vie » de son côté. Ils sont peu présents pour leurs enfants, déléguant beaucoup leurs tâches éducatives aux grands-parents et famille parallèle. Sur le plan matériel, ils n'ont manqué de rien, mais Véronique, parlant de sa petite enfance, dit qu'elle a grandi sevrée de câlins et de moments privilégiés avec ses parents. Seul son père, revenant fréquemment de voyages, lui apportait, à elle personnellement, un petit souvenir.
Quand Véronique a eu quatorze ans, ses parents se sont séparés, d'un commun accord semble-t-il, leurs relations étant de plus en plus distendues. Cela a été fait sans éclat, mais Véronique a senti « une grande perte avec l'éloignement de son père du domicile familial ».
Peu de temps après, elle a commencé à restreindre sa nourri-

ture ; ses règles ont disparu après quelques mois, et elle s'est enfoncée dans un marasme important, négligeant sa toilette ou du moins ne voulant plus mettre ses « atouts féminins en valeur ». Pourquoi plaire, puisque son père ne s'occupait pas d'elle ?
Cependant, lors de son hospitalisation et des entretiens qu'elle a eus avec le personnel médical, Véronique a révélé que depuis le départ de son père, Marc, son frère aîné, consolateur et confident, s'était rapproché, et des relations incestueuses s'étaient mises en place. Véronique en a été complice, mais aussi honteuse et victime ; elle n'avait plus envie de vivre. Cet aveu a déclenché, comme il est normal, un signalement à la police ; les parents, semblant ignorer cet état de fait, dans une volonté que cette affaire reste dans l'intimité familiale, ont pris parti pour leur fils, alléguant des mensonges de leur fille.

Même consenties, les relations incestueuses frère-sœur sont des agressions sexuelles et ne peuvent déboucher ni sur une relation de vie commune reconnue, ni sur une relation amoureuse satisfaisante.

> **L'interdit de l'inceste est fondateur du groupe social, organisateur de la vie psychique ; sa transgression met en cause tous les membres de la famille. Aux parents d'être vigilants et ne pas laisser s'installer des relations qui en réalité ne font que masquer la carence parentale.**

La relation fraternelle dans le temps

La relation fraternelle reste la relation familiale la plus longue, celle qui généralement survit à la mort des parents.
Si l'adolescence est une première distance prise entre les frères et sœurs, quitter sa famille pour les études ou le monde du travail est une nouvelle étape. Les relations vont se modifier, devenir plus lâches, mais semblent maintenant voler de leurs propres ailes. Même si elles sont toujours marquées par l'empreinte parentale, elles n'y seront plus soumises.

Avec les départs du cercle familial, la disparition de la cohabitation, les occasions de rencontres diminuent, et par-là même celles des frictions. Il faut maintenant se chercher. Chacun adopte son style de vie sans référence directe à la fratrie. Puis vient le temps des relations sexuelles durables : « Le temps des amours est la première épreuve affective du groupe fraternel dans la rivalité et la complicité[63]. »

* Les conjoints

Un nouveau pas est franchi avec l'installation en couple de l'un des membres de la fratrie. Cet « examen de passage » du nouvel arrivant dans la famille va-t-il bien se passer ? Sera-t-il accepté par les parents ? Qu'en pense le frère ou la sœur ? Il arrive fréquemment qu'une cohésion fraternelle fasse accepter par les parents cette « pièce rapportée » : « Jamais je

63 Jean Ormezzano, « Le vieillissement du groupe fraternel », *Frères et sœurs*, ESF 1981.

ne me serais mariée, dit une aînée de quatre, si je n'avais eu le soutien de mes frères et sœurs. En appréciant mon conjoint, ils ont fait avaler la pilule aux parents. »
Cela ne se passe pas toujours ainsi, et si les affinités entre frères et sœurs peuvent se renforcer, elles peuvent aussi se déliter et raviver des animosités anciennes. L'apport des beaux-frères et belles-sœurs se fait avec plus ou moins de bonheur, enrichissent ou compliquent les relations fraternelles.

Beaucoup de témoignages, notamment de jumeaux, où les liens étaient très forts, ont précisé que leur mariage les avait éloignés par la dissemblance de leurs conjoints.

Mais les extrêmes s'attirent et, derrière une rivalité apparente, la complicité tisse des liens secrets avec le passage de la fratrie à la conjugalité. L'inconscient semble parfois conduire le choix vers l'identité d'un conjoint, dont les ressemblances avec un frère ou une sœur sont frappantes. On épouse aussi souvent un frère ou une sœur que son père ou sa mère. Autrefois, beaucoup de veufs épousaient leur belle-sœur ; souvent un frère et une sœur épousent tous les deux un conjoint ayant un enfant, etc.

Il faut se souvenir que nos frères et sœurs ont été nos premiers partenaires pour notre éducation à la sexualité, avec ou sans passage à l'acte. Celui-ci est toujours nié, car culpabilisé. C'est pourtant avec eux que nous avons appris à connaître notre corps.

Il n'est pas rare que les « amours fraternelles » soient une gêne pour la constitution du couple. Inconsciemment souvent, connivence émotionnelle ou intellectuelle, rapprochement dans un sentiment d'identité entre frères et sœurs peuvent susciter jalousie, conflit ou même déliaison du couple. « Bien sûr, j'ai un mari, mais enfin, eux, ils étaient là avant ; ils étaient les premiers[64]. »

La relation conjugale peut rester aléatoire, transitoire, s'éteindre. Elle est moins fondamentale que la relation fraternelle : on ne peut pas divorcer de ses frères et sœurs, mais seulement se brouiller avec eux. Ainsi, la rencontre fraternelle oscille du rêve à la réalité, de l'intimité au groupe, de l'affection au jeu social. La pudeur des sentiments retient souvent la confidence au bord des lèvres, tant reste présent le fantasme d'une fratrie fusionnelle idéale, mais dangereuse. Si l'amour est présent, la haine n'est pas loin. Souvent, la communication fraternelle s'étiole face à l'évitement de l'agressivité, qui réduit les échanges au minimum.

Parfois, l'indifférence s'installe par manque d'affinités ou pour mettre à distance des positions anciennes, douloureuses et frustrantes ; des rapports conventionnels forcés peuvent tenir lieu de liens familiaux.

* Solidarité

Si la solidarité et l'entraide dans les familles nombreuses ont été soulignées, elles se rencontrent généralement aussi dans

64 Jacqueline Dana, *La Constellation familiale*, Robert Laffont, 1978.

les fratries ordinaires. Le problème de la situation économique divise rarement les fratries, alors que les divergences idéologiques portant sur la politique, l'éducation, la religion, sont souvent sources de conflit et de brouilles définitives.
« Le laxisme éducatif de mon frère avec ses enfants nous a gâché nos vacances, écrit un frère plus jeune. Désormais, nous ne nous rencontrons plus. »
Les liens fraternels fondés sur le partage des souvenirs et la résolution des conflits de l'enfance doivent soigneusement mettre de côté toute occasion de conflit. « Nous nous entendons très bien, dit Anne, deuxième d'une fratrie de trois, à condition que nous ne parlions ni de politique, ni d'éducation, ni de métier, ni d'argent ! » Sans doute, partagent-ils les souvenirs heureux de leur enfance... On peut penser qu'ainsi chacun respecte le « pacte dénégatif[65] » comme le nomme Kaes, ce refoulement qui a pour fonction de préserver le lien.

Si, dépouillée de son vêtement d'enfance, la relation fraternelle a sa spécificité tout au long de sa vie, on peut considérer la fratrie comme un espace transitionnel où se construit notre psychisme, espace où s'enracine une réalité vécue au quotidien. La survivance des liens permet d'évaluer ce que chacun des membres de la fratrie a retiré de son enfance, comme enrichissement ou contrainte.
La route est parfois facile, mais pas toujours. Il faut des balises de prudence, car des carrefours sont parfois dangereux, des sentiers à éviter, comme la conduite fraternelle d'une

65 René Kaes, « Le complexe fraternel, aspect de sa spécificité », *Revue Topiques*, n° 51.

entreprise professionnelle, qui ne semble pas opportune. Dans un premier temps, elle intensifie les relations, mais très vite les conflictualités, le rêve convivial et l'argent partagé sont un mélange explosif. Tout le monde connaît maints exemples qui vont dans ce sens.

Une distance géographique minimum, une indépendance financière, un minimum de partage éthique ou idéologique sur les grands sujets de société garantissent les liens.

Avec l'âge, la ressemblance de certains frères et sœurs vieillissants est frappante. Ils rayonnent de connivence, ils se comprennent sans se parler, ayant une communication bien rodée ; c'est un sillage profond creusé avec l'âge ; leur vie fraternelle coule sur un long fleuve tranquille.

Il y a quelques années pour une étude sociologique[66] dans un questionnaire adressé à des adultes au sujet de leurs échanges fraternels, les mots les plus fréquemment associés à leur relation furent rivalité, connivence, attachement ; un seul mot ne figure jamais : indifférence.
C'est donc dans ces différents registres que nous oscillons sans doute les uns et les autres.

* Jalousies

Les troubles de la fratrie peuvent être marqués par des jalousies excessives, des rivalités éternelles, de l'agressivité ou

66 *Le groupe familial*, n° 83.

une dépendance contraignante, mais cela nous semble très exceptionnellement une maladie[67], même si cela génère des souffrances.

> Ces pathologies ou ces troubles ont toujours une origine dans l'histoire relationnelle infantile précoce avec les parents, même quand elles éclosent avec le lien fraternel bien plus tard.

Dans une émission télévisée sur la jalousie fraternelle[68], des témoignages ont été proposés sur ce thème. On aurait pu penser avoir affaire à des conflits fraternels de l'enfance dont les parents auraient à se plaindre et qui demandaient conseil, mais à mon étonnement, il s'agissait de témoignages d'adultes qui souffraient de cette situation. Un récit illustrant ce thème m'a paru significatif.

Joëlle, cinquante-quatre ans, est l'aînée de deux filles ; sa cadette de cinq ans plus jeune est extrêmement jalouse :
« Je ne sais pas pourquoi, cela dure depuis longtemps. J'ai sans doute une situation professionnelle meilleure qu'elle, mais c'est tout comme avantage. […]
Je me suis beaucoup occupée de ma sœur quand elle était petite. Enfants, nous nous entendions très bien. Comme ma mère ne s'occupait pas beaucoup de nous, c'est moi qui en avais la charge. […]
Quand ma mère était enceinte, c'était pendant la guerre,

67 Cf. Marcel Rufo, *Frères et sœurs, une maladie d'amour*, Fayard, 2002.
68 Chaîne Santé-Vie, émission *« Réponse de psy »*, *La Jalousie fraternelle*, février 2000.

elle attendait un garçon. Ma mère avait des envies de chocolat, et ma grand-mère me disait : « Tu n'auras pas beaucoup de chocolat, il faut le laisser pour ta mère. » Et puis, ma sœur est arrivée. Tout le monde était déçu. [...]
Comme je vous le disais, je me suis beaucoup occupée de ma sœur, mais parfois je m'amusais à lui faire peur. [...]
Quand elle voulait aller aux toilettes, je l'accompagnais, puis, je m'échappais en courant en la laissant dans le noir ; cela m'amusait beaucoup. »

L'animatrice lui pose la question : « Et votre sœur, que disait-elle ?
– Rien, parce qu'elle m'aimait beaucoup, et était très attachée à moi. Il faut vous dire que notre mère s'occupait très peu de nous ; le soir, quand elle rentrait du travail et que nous lui demandions quelque chose, elle répondait : *Laisse-moi tranquille ; je n'ai pas le temps* ou *je suis très fatiguée*. Pour m'amuser aussi quand elle avait quatre ou cinq ans, je lui disais qu'elle n'était pas la fille de mes parents ; qu'elle avait été adoptée. »

L'animatrice, surprise, demande : « Et vous lui en avez parlé plus tard ; qu'en a-t-elle pensé ?
– Oh ! ma sœur est une introvertie ; elle garde tout pour elle, et je n'ai jamais su ce qu'elle pensait vraiment.
Quand j'ai été adolescente, je suis partie faire des études, en revenant chez mes parents assez souvent ; nous nous entendions toujours très bien.
Et puis, nous avons fait notre vie, chacune de son côté. Je

suis partie aux États-Unis, et j'ai divorcé, et suis revenue en France. Nous nous voyions de temps en temps chez les parents, mais je sentais bien que ce n'était pas la même chose ; elle avait beaucoup changé à mon égard. »

L'animatrice interroge : « Avez-vous eu une conversation avec elle pour comprendre son attitude, et que vous a-t-elle répondu ?
– Non, ce n'est pas possible. J'ai su par une cousine qu'elle n'approuvait pas ma nouvelle vie, et surtout, ce qui est plus difficile pour moi, c'est qu'elle n'a jamais voulu que je garde ses enfants quand ils étaient petits ; souvent je me suis proposée, n'ayant pas d'enfant moi-même ; il paraît qu'elle a peur que j'exerce une mauvaise influence sur eux. »

« À propos de chocolat, j'oubliais de vous dire : j'adore le chocolat, mais quand j'en mange trop, je vomis tout… Vous savez, je souffre beaucoup de cette situation, et je ne comprends pas. »

Nous n'avons pas eu l'écho de la sœur, qui aurait permis peut-être d'en comprendre davantage.
Pour la sœur, l'enfance n'a certainement pas dû être idyllique : carence maternelle, méchanceté assez classique d'une aînée sur une plus jeune, peut-être pour lui faire payer l'obligation de s'en occuper…
Cette sœur « introvertie », dépendante de son aînée en raison de la carence maternelle, n'a pas pu exprimer son agressivité et sa rancœur. Joëlle elle-même, à l'arrivée de cette

sœur, alors qu'elle attendait un frère, a dû souffrir peut-être encore plus. La frustration du chocolat laissé à la mère a été sûrement associée à cette naissance. Elle vomit encore du chocolat « frère-sœur »...

> **En filigrane, il y a sans doute pour les deux la revendication d'un amour maternel qui n'a pas pu s'exprimer.**

Joëlle s'est beaucoup occupée de sa sœur, et n'a pas elle-même d'enfant ; aussi doit-elle souffrir doublement de la frustration que sa sœur lui impose de ne pas les lui confier. On peut penser que sa sœur, dans une revanche bien compréhensible, ne veuille pas qu'elle ait une quelconque influence sur eux. D'une part, enfant, elle a souffert de cette carence parentale, et d'autre part, dans sa tête, sa sœur a pris la place de sa mère... Si les relations dans l'enfance ont été bonnes entre les deux sœurs (nous ignorons ce qu'en pense la cadette), il y avait déjà tous les ingrédients pour qu'une animosité sourde, sans éclat, mais très virulente puisse s'installer.

Tout ceci montre qu'au fil du temps des sentiments fraternels durables s'installent en nous. Une simple question sur le nombre des frères et sœurs ou sur la position dans la fratrie déclenche en chacun une implication émotionnelle avec des souvenirs qui remontent du fond des âges...

La famille est un système ouvert avec ses règles, ses croyances, ses habitudes. À l'intérieur, des échanges s'effectuent, et souvent les symptômes ou les difficultés présentées par un des membres de la fratrie ne sont que le reflet du dysfonctionnement familial. Il faut aussi compter avec l'histoire des générations précédentes qui peut parfois expliquer des phénomènes de répétition.

Comment réussir sa fratrie ? Question difficile qui demande l'appréciation de multiples facteurs, mais en premier lieu sûrement un lien d'amour suffisant et des images parentales sources d'identification solides et possibles pour les enfants.

Décès des parents et succession

Un moment capital du roman fraternel est la mort des parents et la succession. C'est là que la fratrie se découvre. Éclate alors l'inégalité affective fondamentale, parce que dans la tête de chacun, « aimer, c'est préférer ». Si chaque enfant a sa façon d'être aimé de ses parents, on est toujours plus attentif à la façon dont l'autre l'a été. Si cela a été caché plus ou moins consciemment, le bilan final éclate dans la partition des biens : c'est la minute de vérité.

L'attachement au passé renforce la difficulté de la répartition des objets symboliques au-delà de la valeur marchande.

Que de difficultés pour se partager un bibelot ou une assiette chérie dans son enfance !

C'est une épreuve qui surprend toutes les familles par l'intensité des réactions affectives. « C'était la première fois qu'on se disputait, disait une aînée, on a eu peur. » « C'était tuer à nouveau notre mère, elle qui pensait que l'on s'entendrait toujours bien et qui avait prévu équitablement. »

Il faut savoir que lorsqu'une mère achète à la boulangerie deux gâteaux pour les donner à chacun de ses enfants, le partage est facile ; mais dans la succession, on partage un seul gâteau ; chacun a une part, mais on mange du « même » gâteau !

Chapitre XIII

COMMENT ASSURER UNE PLACE POUR CHACUN ?

Tout au long de l'ouvrage est apparue la place primordiale que prennent les parents dans l'existence de la fratrie. Cependant, dans les différentes configurations familiales, chaque enfant doit chercher sa place.

Quand les parents décident d'avoir un enfant

Lorsqu'un couple décide d'avoir un enfant, c'est d'abord pour réaliser son désir infantile. Faire comme son père et sa mère. Dans les conditions normales, cette arrivée comble les parents. Certains s'arrêtent là pour des raisons diverses dont on a déjà parlé. Que cela soit volontaire ou pas, élever un enfant unique n'est pas aussi simple qu'il y paraît. Les parents devront être vigilants à lui laisser une place d'enfant et seulement cela ; ils devront organiser pour lui, très tôt, des relations diversifiées avec des pairs de son âge où il pourra apprendre la solidarité, le partage, la conflictualité même, situations qui ne lui seront pas proposés dans sa famille, afin qu'il soit un être social et socialisé. En compensation il aura des avantages affectifs indéniables.
Si, à un moment donné, les parents pensent avoir un second enfant alors ils donnent naissance à la fratrie.

L'arrivée de cet enfant, qui pourra également combler les parents, sera une rude épreuve pour l'aîné, qu'on le veuille ou non, qu'il l'exprime ou pas.

* Faut-il l'annoncer à l'aîné ?

Bien sûr, il est souhaitable de préparer l'enfant en lui en parlant. Pour un enfant de trois ans, il suffit de le faire un ou deux mois avant l'arrivée du bébé, quand il peut remarquer que la maman grossit.

Il est des parents qui annoncent très tôt à un jeune enfant comme à leur entourage l'arrivée du bébé ; cela n'est pas souhaitable pour lui car l'attente sera longue et il ne peut se représenter l'événement. Il faut le prévenir que le bébé sera tout petit, qu'il ne pourra ni parler, ni jouer, mais lui montrer les côtés positifs : « Tu pourras le tenir un peu dans les bras, mais un bébé c'est fragile ; tu pourras m'aider dans les soins… Un bébé, ça prend beaucoup de temps des mamans, parce qu'il ne sait rien faire seul ; plus tard, tu lui apprendras des choses de grand. »

Généralement, on associe dans les faire-part le ou les frères et sœurs ; c'est bien sûr normal, mais quelles sont les intentions des parents, quand ils font écrire « Chloé a la très grande joie d'annoncer l'arrivée de son frère » ? Il paraît souhaitable de les associer, mais pas de les laisser seuls annoncer la bonne nouvelle… Parce que cela n'est pas qu'une bonne nouvelle pour eux !

Certains parents, croyant bien faire, parlent d'une surprise ou d'un cadeau ; ce n'est ni l'un, ni l'autre. Une de mes sœurs m'a raconté que le matin de ma naissance, on lui a dit : « Devine la surprise ? », et elle répond avec enthousiasme : « Une bicyclette ! » Elle a sans doute été déçue en se penchant sur mon berceau… Bien que nos parents lui eussent annoncé un frère ou une sœur, dans sa tête d'enfant, elle n'avait pas fait le lien entre cet événement et la surprise annoncée.

* Les réactions des aînés ou de l'aîné sont très variables

L'enfant a mille et un détours pour exprimer son ressenti : régression, petits mouvements d'humeur, caprices, etc. Les parents doivent être attentifs, les accepter sans les souligner ; ce sont des moments passagers.

Certains d'ailleurs ne manifestent rien ou simplement une grande joie ou excitation : on leur a tellement dit qu'ils seraient contents ! Il n'y a pas lieu de s'étonner. Les manifestations de jalousie peuvent arriver plus tard, quand l'enfant prendra plus d'espace dans la vie de la fratrie.

Quelques parents très avertis disent que, vraiment, il n'y a jamais eu aucune manifestation de mécontentement chez leur aîné à l'arrivée du second. Peu importe, peut-être ne l'ont-ils pas vu ou effectivement l'enfant n'a rien manifesté. De toute façon, la réaction à la naissance ne présage en rien de l'avenir. D'ailleurs, comment extérioriser sa jalousie quand l'ambiance générale est à la joie ?

Un conseil : que le père soit plus attentif à son aîné à ce moment-là ; il pourra compenser la frustration subie et la moindre disponibilité de sa mère à son égard...

Souvent, les parents offrent un cadeau à leur aîné ; c'est bien sûr une bonne initiative. Nous avons remarqué qu'on le fait à l'arrivée du deuxième, mais jamais quand arrive le troisième, voire un quatrième alors qu'il serait souhaitable de le faire également.

On peut offrir à son enfant, même si c'est un garçon, un poupon. Lorsqu'il aura envie de changer le bébé, on pourra le renvoyer à son baigneur. Surtout, il pourra le malmener selon son humeur.

Je connais une petite fille qui disait à sa poupée : « Enfin ce soir, j'espère que tu vas me laisser dormir, parce que j'en ai marre d'entendre tes cris. » Or le petit frère ne dormait ni dans la chambre des parents, ni dans la sienne. Ce qui montre là, l'importance de la poupée comme support de sa conflictualité.

* Associer l'aîné à l'accueil du bébé

Lorsque la mère rentre de la clinique avec le bébé, il est souhaitable que l'aîné soit présent.

Il est important que l'aîné assiste à l'installation du retour, même s'il a passé quelques jours chez ses grands-parents, et qu'il ne retrouve pas le bébé dans sa chambre sans explication. L'enfant ne se sera pas ainsi pris au dépourvu. Un garçon de cinq ans a dit à sa mère : « Tu m'avais dit qu'il y avait un petit frère, mais tu ne m'avais pas dit qu'il viendrait chez moi pour toujours. » L'important est de préparer l'aîné. Chaque famille s'organise ensuite comme elle le souhaite.

Fusion ou différenciation

Un des rêves des parents, est bien souvent d'avoir des frères et sœurs qui se ressemblent pour pouvoir les rattacher à leur commune origine, et aussi parce qu'ils pensent que leurs liens d'amour seront plus solides : « Qui se ressemble, s'assemble. » Illustration de ce fantasme, l'habitude qui avait cours autrefois d'habiller les frères et sœurs de la même manière : costumes marins dans les familles bourgeoises, pantalon bleu et jupe blanche ou rose chez les filles. On a vu bien sûr que c'était plus fréquent pour les jumeaux.

> *A priori*, il n'est pas tellement évident pour les parents de vouloir différencier les enfants.

Si nous savons intuitivement que nous sommes des parents différents avec chacun de nos enfants, le reconnaître nous apparaît comme une injustice à leur égard. Aimer différemment, ce serait préférer, et cela nous renvoie à nos sentiments ambivalents, à nos regrets, à nos souffrances infantiles.

Chacun de nous nourrit le fantasme d'être unique, d'être seul à compter pour les autres et dans le monde, mais en même temps, l'être le plus comblé trouve la grande différence entre ce qu'il a reçu et ce qu'il aurait voulu recevoir. Écartelés entre ces deux sentiments, les parents vont pouvoir proposer, inconsciemment souvent, une place différente à chaque enfant.

Heureusement, ils sont deux parents et chacun, selon les affinités qu'il ressentira, pourra mieux différencier les enfants. Tel père trouvera chez son fils beaucoup de points communs avec lui, et la mère par ailleurs se reconnaîtra dans sa fille plus docile et plus tendre. Dans les cas heureux, la répartition des enfants se fera avec les deux parents ; il faudra faire attention quand un enfant ne suscite des affinités ni chez l'un, ni chez l'autre.

* Il faut être très vigilant à la naissance

Tous les bébés ne se ressemblent pas. Différences physiques (taille, poids, forme du visage, etc.) conduisent souvent les parents à prédire la ressemblance d'un enfant avec telle lignée… Il y a aussi des petits traits de caractère. Le bébé goulu, le bébé qui s'endort vite, celui qui sourit aux anges plus vite que son frère. Tous ces éléments vont conditionner en partie les interactions maternelles ou paternelles.

Tout est une question de point de vue

Les mêmes phénomènes peuvent être interprétés différemment par la mère. Très récemment, je rendais visite à la maternité à deux jeunes mères, avec leur bébé garçon, premier pour chacune. L'une dit : « Il est un peu long pour prendre son biberon, mais il prendra son temps ; ce sera un calme, on le voit déjà. » L'autre, pour la même difficulté – il tétait lentement : « Je ne sais pas pourquoi il est aussi lent ; cela ne va pas être un rapide dans la vie… »

On sait aussi qu'une naissance compliquée peut laisser à la mère des sentiments négatifs plus ou moins conscients, qui risquent de perturber les débuts de la vie psychique et la bonne entente mère-bébé, sans que cela puisse présager définitivement de leurs liens.

Sans parler de pathologie, ces différentes interactions, dues au patrimoine héréditaire, à l'histoire personnelle des parents et au moment de la naissance, vont inaugurer une place spécifique à chaque enfant dans sa fratrie. Cependant, à toute nouvelle arrivée, il y a un remaniement dans l'ordonnancement, et tout enfant devra retrouver une place pour son propre compte.

Se différencier en se sentant unique

Les jalousies, tout à fait normales, comme on l'a vu entre frères et sœurs, se fondent sur leur histoire de naissance et sur la place réelle ou supposée qu'ils ont dans leur fratrie. Mais pour les enfants, elles se produisent aussi sur les comparaisons établies par les parents. Elles sont inévitables, et même si des parents « suffisamment bons et responsables », ne les expriment pas trop souvent ou trop ouvertement, elles doivent être reconnues à l'intime de chaque parent. Aussi ce parent pourra-t-il se sentir moins coupable en pensant que la jalousie de ses enfants provient de la comparaison faite entre eux. Cette jalousie les aidera à se différencier et à trouver leur identité.

* La réussite scolaire : un enjeu

Une comparaison sensible, difficile et redoutable, est la réussite scolaire ou du moins le comportement de l'enfant devant la « chose scolaire ». Les parents sont renvoyés à leur histoire personnelle dans ce domaine. Parfois leur parcours scolaire a pu être un boulevard traversé sans difficulté et ils ne comprennent pas que tous leurs enfants ne fassent pas de même, ou cela a été pour eux une épreuve difficile, et ils sont d'autant plus exigeants pour leur progéniture, ne voulant pas qu'ils revivent cette même souffrance.

Une mère de famille conduisait à l'hôpital une fillette de dix ans en échec scolaire ; celle-ci était tout à fait persécutée par ses parents, et surtout par sa mère qui revivait son échec personnel. Elle était troisième d'une fratrie de trois, où les deux autres avaient réussi brillamment : « Je fais tout pour que Christelle ne revive pas les mêmes affres que moi », disait-elle, et néanmoins, « elle faisait tout » pour que la fillette suive son chemin… par son intransigeance, et l'absence de reconnaissance de la souffrance de son enfant.

> En prenant conscience de son rapport à la scolarité et en ayant en tête que son enfant a son histoire propre, le parent peut permettre à l'enfant de ne pas être dans la répétition.

Parfois, les relations fraternelles se tendent par rapport à la scolarité. Chacun des enfants, dans sa compétition, souhaite être le meilleur et être aussi le plus proche de ses parents en répondant à leurs aspirations.

Aux parents de faire attention en valorisant les particularités de chacun. Tout le monde ne peut pas être le premier en classe, ni être champion en sport. En chaque enfant, il y a une qualité, un talent qui ne demande qu'à être découvert et encouragé.

Parfois sans doute les parents devront faire des efforts pour appréhender les qualités de tel ou tel de leurs enfants. Lorsqu'un enfant est en échec permanent, impuissant face à son destin et incapable de satisfaire ses parents, il doute de tout et en particulier de lui. En même temps, il est incertain de l'amour qu'on lui porte.

* S'aimer soi-même

Nous savons que la construction de l'image de soi est tout à fait importante dans l'existence et permet d'affronter les obstacles que nous réserve la vie. Cette image est valorisée par l'entourage familial dans la construction de notre narcissisme. Si nous avons été bons pour nos parents et notre environnement, nous nous sentirons bons pour nous-mêmes.

Il faut s'aimer soi-même pour aimer les autres, notamment ses frères et sœurs.

Le manque de confiance rend l'individu fragile, vulnérable. Un enfant peut se sentir attaqué par des frères et sœurs plus brillants, quand des parents ou des enseignants les comparent. Parfois, les rivalités dans les fratries sont entretenues par les adultes qui les entourent ou suscitées par eux !

Trouver sa place ne sera pas toujours chercher à se marginaliser, à se différencier outrageusement du reste de la fratrie. Cela est nécessaire, parfois transitoirement, pour trouver une identité qu'on a du mal à percevoir au sein du groupe, surtout dans les familles nombreuses. Nous devons nous interroger si ces phénomènes perdurent : la place recherchée est-elle authentique et satisfaisante ou est-ce un mode relationnel de rupture avec les parents ou la fratrie ?

Il semble que lorsque les frères et sœurs arrivent à se différencier positivement, cela reflète la capacité qu'ont eue les parents de développer chez chaque enfant sa propre créativité. Si chacun trouve une place dans sa fratrie, il ne s'agit pas de n'importe laquelle.

Le droit des enfants où qu'ils se situent est le droit à leur identité personnelle.

L'enfance volée par les circonstances de la vie

Parfois la place assignée à un enfant est impossible.
Ce sera une enfance volée par certaines circonstances de leur vie. On l'a vu parfois quand un enfant handicapé perturbe l'histoire fraternelle et que les parents ne sont pas assez vigilants. Les frères et sœurs pourront se constituer en « petit parent » surprotégeant leur frère handicapé, sans peuvoir négocier leurs sentiments ambivalents, ni par rapport à leurs parents dont ils souffrent de l'abandon, ni à l'égard de ce frère.

Lorsque le deuil d'un enfant frappe une famille et que le travail de deuil ne se fait pas, les autres enfants ne pourront jamais avoir une place réelle, unique et personnelle dans le cœur des parents.

Dans les familles où la défaillance parentale oblige l'enfant à être séparé de son milieu, et que, en « suspens » de sa fratrie, il doit reconstituer, grâce à d'autres adultes qui l'entourent, une nouvelle fratrie, en renonçant parfois à sa fratrie initiale.

Dans toutes les situations de dissociation familiale où chaque enfant devra garder ses relations parentales, il faut que les adultes qui les entourent préservent l'intérêt de l'enfant. Ce sont des situations délicates, les fratries évoluant dans la mouvance parentale. La reprise sereine des rapports parentaux n'est possible que si les adultes ont fait le deuil de leur séparation.

> L'objectif dans tous les cas est toujours le même : ne pas condamner, même implicitement, les enfants à choisir entre les deux camps, ne pas les placer en position d'otage.

* Quand les enfants « sont » les parents

Une autre place impossible existe lorsque les rôles sont inversés et qu'un enfant ou plusieurs ont un statut parental vis-à-vis de leurs parents.

Cela arrive souvent dans deux circonstances de la vie familiale :
– quand le parent présente un handicap physique qui l'empêche de vaquer ordinairement à ses occupations ;
– lorsqu'il souffre d'un handicap psychologique (sans parler de graves distorsions mentales) et que, immature, il sera incapable de jouer le rôle de parent « suffisamment bon ».

Lorsque le parent présente un handicap physique, l'enfant est dans une dynamique d'obligation, de dette de vie souvent insupportable, même si cela le valorise. Exemple : une mère quasiment aveugle a deux enfants. Le père est parti, et les deux enfants, un garçon de dix-huit ans et une fille de douze, s'occupent de leur mère, surtout l'aîné. La mère compte beaucoup sur lui, plus que sur la fillette ; cette dernière se sent d'ailleurs souvent frustrée et abandonnée. Le fils aide sa mère dans toutes les démarches. Ce rôle, qui est valorisé, revendiqué même, surtout depuis le départ du père, le rend parfois autoritaire, insupportable pour les autres, et notamment pour sa sœur. « Parfois, dit-il, je pète les plombs » pour échapper à cette pesante réalité. La place de cet enfant, qui s'est installée progressivement, est tout à fait impossible et l'a empêché d'avoir une enfance et une adolescence… Il est le caïd de la famille et régit tout son monde ; de ce fait sa sœur n'a aucune place et la mère de famille s'en remet souvent à son fils pour les décisions importantes.

* Quand les parents sont immatures

Plus dramatique encore, et plus fréquente, est la position de l'enfant ou des enfants qui vivent avec des parents qu'on peut qualifier d'immatures. Nous ne parlons pas des pathologies mentales avérées qui ont fait souvent l'objet d'études sur le comportement des enfants[69].

L'immaturité affective présente un tableau clinique à multiples ramifications. Souvent, elle signe l'impossibilité qu'ont les parents à pouvoir jouer leur rôle. Ce ne sont pas des parents maltraitants ou nocifs, qui nécessitent le retrait des enfants. Généralement, ce sont des adultes immatures avec une relative adaptation sociale, mais incapables de prendre des décisions, sinon à court terme, ne pouvant anticiper pour leurs enfants. Ils vivent toujours sur le registre du plaisir et non de la réalité. Ces parents ne sont pas suivis par les services sociaux ; ils nourrissent leurs enfants, les soi-

69 P. Bourdier, « L'Hypermaturation des enfants de parents malades mentaux », *Revue française de psychanalyse*, tome XXXVI, 1972.

gnent, les envoient à l'école sans leur prodiguer ni soutien, ni identification, ni capacité de penser. L'instabilité de ces parents, la dégradation de la fonction symbolique du père, obligent les enfants ou un enfant de la fratrie à s'approprier un rôle parental : « Ils ne sont pas maltraités, mais pas traités du tout[70]. » Dans ces cas-là, les enfants ne sont pas suffisamment investis comme enfants.

Une jeune femme de trente ans, aînée de trois enfants, dont la vie l'avait précipitée dans un rôle « parental », a été rencontrée en thérapie. Le père, « présent-absent », s'occupait assez peu de sa famille ; la mère immature dépensait l'argent au fur et à mesure qu'elle le gagnait (elle était cuisinière dans un foyer d'adolescents). Dès l'âge de douze ans, cette patiente avait pris les choses en main, faisant les courses avec l'argent de ses parents. Selon ses dires, elle était obligée de cacher le porte-monnaie pour assurer les fins de mois à sa famille, et notamment pour ses deux petites sœurs. « J'ai eu le sentiment d'avoir été flouée, j'avais l'impression que je devais être raisonnable toute ma vie, qu'aucun plaisir ne me serait permis. »
Cette souffrance d'enfant, encore présente, l'avait amenée à embrasser la profession d'éducatrice, mais elle ne s'y sentait pas bien et pensait qu'elle avait fait fausse route… Les sentiments qu'elle avait pour ses parents étaient très complexes : « Si j'avais pu détester ma mère, je me serais sentie mieux. » Flouée, mûrie avant l'âge, alors que sa mère était toujours immature, elle n'avait eu ni enfance, ni adolescence… In-

70 Françoise Peille, *Appartenance et filiations. Être enfant de quelqu'un*, ESF, 2000.

quiète pour son avenir, elle l'était surtout pour ses enfants futurs. À l'occasion de ce travail personnel, et ayant rencontré un ami qu'elle disait « suffisamment maternant », elle s'est réconciliée avec elle-même, et sans doute a-t-elle pu faire un pari sur l'avenir.

> À ces enfants divers, prématurément adultes, il faut faire entendre sereinement et les persuader que « personne n'est responsable de ses parents ; la naissance est un hasard ». (Claude Jasmin.)

Une place à conquérir

Pour grandir et devenir libre, il faut que « chaque individu soit entrepreneur de sa vie ».

Chaque enfant, aidé par ses parents, devra conquérir, pour lui, sa place. Ce sera par moments en opposition, parfois en alliance. Une conflictualité bien tempérée est saine. Stimulé par un aîné, un second voudra le rattraper. Un dernier cherchera par tous les moyens à égaler les grands.
Prendre une responsabilité vis-à-vis des plus jeunes, mais savoir aussi mener sa vie et ses projets personnels, sans se

sentir « missionné » pour veiller sur sa fratrie.
Si on est lié à ses frères et sœurs, on n'en est pas responsable.
La jalousie qui permet de se différencier doit être prise pour ce qu'elle est : un sentiment humain du début de la vie qui naît à la rencontre de l'autre et qui s'apaise généralement s'il est reconnu et accepté.
Il ne s'agit pas d'être l'autre ou d'avoir ce qu'il a, mais de faire sa propre vie en conquérant sa place.

Les parents accompagneront d'autant mieux le trajet de leurs enfants s'ils comprennent en quoi il fait écho à leur propre histoire personnelle.

Entre la génération des parents et celle des enfants, la route est longue et les perspectives lointaines. Entre des enfants séparés de quelques années, le hiatus est beaucoup moins grand. Il est plus facile au petit de prévoir ce qu'il adviendra grâce à ces images à la fois distancées et proches.

Les frères et sœurs constituent généralement des repères identificatoires intermédiaires.

Si les naissances plongent les aînés dans une certaine nostalgie du passé, le face-à-face avec le futur et le passé dans lequel vivent les membres de la fratrie crée en eux des sentiments intenses de jalousie et d'envie, mais aussi d'admiration et de compétition, qui colorent la vie et la maturité de toutes les fratries. Elles sont mouvantes, créatrices et en perpétuelle quête d'identité pour chacun.

De plus, chacun se bâtit non seulement en fonction des comportements réels de ses frères et sœurs mais aussi en fonction d'une fratrie de rêve. Cela provoque de multiples fantaisies qui enrichissent et modulent la vie affective de tous les protagonistes.

Les liens de la fratrie se tissent par le jeu

Le jeu est une voie royale d'expression et de réalisation pour les enfants. Il occupe une place prépondérante dans les relations entre frères et sœurs ; on joue à s'attaquer, se cacher, se trouver, en acceptant de suivre des règles communes et en se soutenant aussi bien dans l'élaboration de ces règles que dans leur application. On construit ensemble des scénarios, on distribue des rôles, parfois avec l'appui d'un frère ou d'une sœur plus imaginatif, qui plonge l'ensemble des protagonistes dans un monde ludique où la magie permet de tisser une sorte de « fantasmatisation » commune. Mais surtout, il se bâtit chez les enfants un espace psychique dont le contenu échappe à la connaissance des parents. Il forme le « jardin secret » des frères et sœurs avec des lieux dont l'histoire peuple la maison, lieux de mystères, de craintes et de joies.

Voie royale pour l'imaginaire et la fantaisie dans la famille, le jeu met l'enfant devant des échecs et des succès tout en le forçant chaque fois à négocier sa place. Les adultes-parents, sans s'immiscer dans leur monde,

peuvent rester proches, surtout lorsqu'ils sont petits, en restant prêts à les soutenir si des conflits ou des peurs surgissent.

Dans le contexte social actuel en pleine mutation, les repères pour les parents comme pour les enfants deviennent plus flous et difficiles à trouver. Cela exige des parents une continuité dans l'accompagnement de leurs enfants, une fiabilité et une ouverture. La rigidité des attitudes et des croyances doit être remplacée par la créativité et l'inventivité. S'il y a de nouvelles formes de familles, cela doit permettre d'être toujours parent à part entière et garder le cap sur l'espoir et la recherche de solutions pour tous.

Comment conclure ?

Nous avons circulé sur les rives d'un long fleuve, tantôt paisible, tantôt tumultueux. Chacun de nous a pu se reconnaître, dans telle ou telle fratrie, comme dans le ressenti de ses membres. Au long de ce chemin parcouru, nous avons pu comprendre ce que représentait la fratrie pour chacun de nous, ce roc inaltérable dans lequel se construit toute vie.

Que l'on soit frère de sang ou de cœur, les gènes ne créent pas les liens affectifs. En instituant le vivre ensemble, le partage du pain et de l'amour, dans le secret des cœurs, se construisent des liens authentiques fraternels dans les différents milieux de vie.

Paul-Laurent Assoun, à propos de la problématique fraternelle, souligne : « On est toujours plus satisfait de ses frères et sœurs que de ses parents. Les parents, on n'arrête pas de leur en vouloir[71]. »

---

71 Paul-Laurent Assoun, *Frères et sœurs, le lien inconscient*, Anthropos, 1998.

Le fraternel est le lieu où l'on apprend la diversité et la complémentarité, c'est un ciment qui dure toute la vie. « Je fais le rêve que tous les hommes, un jour, se lèveront et comprendront enfin qu'ils sont faits pour vivre ensemble comme des frères[72]. »
Si chacun représente un modèle unique, et c'est indispensable qu'il en soit ainsi, l'échange permettra l'enrichissement. C'est dans ce lieu du partage fraternel qu'on apprend la richesse et la complexité des rapports humains. Pour qu'il en soit ainsi, il faut que nous gardions bien vivant en nous l'enfant que nous avons été et, pour cela, que nous « revisitions notre enfance ». Si nous avons une certaine complicité avec elle, l'enfant que nous avons été sera le compagnon de notre vie quotidienne ; son regard nous permettra de regarder nos enfants ; ses joies et ses peines nous aideront à comprendre leurs plaisirs et leurs chagrins.

La constitution de fratries est une prodigieuse aventure qui est faite de joies, d'inquiétudes, de conflits et parfois même de dislocation et de recompositions diverses.

Ce livre fait le récit de cette aventure où les différentes structures familiales actuelles peuvent déboucher sur des modes d'accueil où l'enfant peut s'épanouir et les frères et sœurs être heureux ensemble à condition que les adultes respectent la place de chaque enfant.
Au bout de la chaîne, avec l'âge, on a souvent besoin à nou-

72 Martin Luther King, « J'ai un rêve », discours prononcé sur les marches du Lincoln Memorial Washington DC le 28 août 1963.

veau du groupe fraternel pour s'enraciner, lorsque les parents sont décédés. On veut chercher la chaleur affective dont on a besoin et qu'ils ne peuvent plus apporter. Le nid que forme la fratrie survit à ceux qui l'ont construit, et c'est à cela qu'on reste attaché. C'est lui qui réchauffe quand le froid arrive.

Nous n'avons pas choisi notre arrivée sur terre,
Pas plus de recevoir une sœur ou un frère.
Chacun a sa fratrie comme lot du destin,
Nous devons faire ainsi aujourd'hui puis demain.

Nous pouvons cependant trouver notre richesse
À partager l'amour, et aussi la tendresse.
Nous sommes souvent jaloux, parfois même blessés,
L'essentiel pour chacun, d'être toujours aimés.

Avec le frère aîné, ce sera la dispute,
Mais avec le puîné, ce sera la culbute ;
Craignant aussi parfois d'être beaucoup grondé
En ayant le plaisir d'être ensemble regardés.

C'est pouvoir contempler avec sa jalousie
La photo du bébé, nimbée de poésie,
Qui de ses petits bras entoure sa maman,
Et admiré de tous, comme un photo-roman.

Aujourd'hui puis demain il faut être fidèle
À la main de nos frères, à notre ribambelle ;
Nous aurons des regrets mais toujours des désirs,
Et nous pourrons ainsi forger des souvenirs.

Être chacun de nous dans sa propre fratrie,
C'est suivre le chemin, c'est continuer la vie ;
Nous ne pourrons jamais effacer de nos cœurs
La place que nous tenons auprès des frères et sœurs.

Françoise Peille

Bibliographie

> Articles, émissions, colloques

« Moi, mon frère, ma sœur », *Dialogue*, n° 114, Erès, 1991.

« La dynamique fraternelle », *Dialogue*, n° 149, Erès, 2000.

« La jalousie fraternelle », *Lieux d'enfance*, n° 16 Privat, 1998.

« Liens fraternels », *Enfance et psy*, n° 9, Erès, 1999.

« Le complexe fraternel », *Topique*, n° 51.

« Des sœurs et des frères », *Autrement*, n° 112, février 1990.

« Positions rivales fraternelles », *Le carnet psy*, n° 38,1998.

Le groupe familial, n° 83, 1978.

« My brother S. Freud », *American Mercury*, n° 202, 1940.

Colloque sur les nouvelles familles, S. P. P., 7 février 2002.

Émilie Lanez, « Pourquoi les Françaises font-elles plus d'enfants ? », *Le Point*, janvier 2002.

« Les jumeaux », Les dossiers de l'écran, Antenne 2, 1982.

« L'enfant unique en Chine », Envoyé spécial, France 2, 23 janvier 2002.

P-L. Assoun, « Frères et sœurs », France Culture, janvier 1998.

Assoun, Peille, « Frères et sœurs », Santé-Vie, mars 2000.

Peille, « La jalousie fraternelle », Réponses de psy, Santé-Vie, 2000.

> Livres

La Genèse, Chapitre I.

Adler Alfred, *L'Éducation des enfants*, Payot, 1949.

Angel Sylvie, *Des frères et des sœurs*, Robert Laffont, 1996.

Anthony-Chiland, *L'Enfant à haut risque psychiatrique*, PUF, 1980.

Assoun P-L., *Frères et sœurs, le lien inconscient*, Anthropos, 1998.

De Beauvoir Simone, *Mémoires d'une jeune fille rangée*, Gallimard, 1958.

Bourguignon Odile, *Le Fraternel*, Dunod, 1999.
Camdessus Brigitte (dir.), *La Fratrie méconnue*, ESF, 1998.
Cyrulnik Boris, *Les Vilains petits canards*, Odile Jacob, 2001.
Dali Salvador, *La Vie secrète de S. Dali*, La Table ronde, 1952.
Dali Salvador, *Journal d'un génie*, La Table ronde, 1964
Dalloz Danielle, *La Jalousie*, Bayard, 2000.
David Myriam, *Le Placement familial*, ESF, 1989.
Duras Marguerite, *Agatha*, Édition de Minuit, 1981.
Felloux Colette, *Frères et sœurs*, Julliard, 1992.
Freud Sigmund, *La Naissance de la psychanalyse*, PUF, 1950.
Freud Sigmund, *Cinq psychanalyses*, PUF, 1956.
Freud Sigmund, *Nouvelles conférences sur la psychanalyse*, Gallimard, 1974.
Gaillard Jean-Michel, *La Famille en miettes*, Sand, 2001.
Gallo Max, *Victor Hugo*, Tome 1, XO, 2001.
Gardou Charles, *Frères et sœurs de personnes handicapés*, Éres, 1997.
Guyotat Jean, *Mort, naissance et filiation*, Masson, 1980.
Harlow, *Les Affectivités : L'attachement*, Delachaux, 1974.
Lepage Frédéric, *Les Jumeaux*, Robert Laffont 1980.
Pickhaerdt Carl-E., *L'Enfant unique*, Albin Michel, 2000.
Roudinesco Elizabeth, *La Famille en désordre*, Fayard, 2002.
Rufo Marcel, *Frères et sœurs, une maladie d'amour*, Fayard, 2002.
Soulé Michel (dir.), *Frères et sœurs*, ESF, 1981.
Tournier Michel, *Les Météores*, Gallimard, 1975.
Winnicott D.W., *L'Enfant et sa famille*, Payot, 1957.
Winnicott D.W., *De la pédiatrie à la psychanalyse*, Payot, 1957.
Zazzo René, *Les Jumeaux, le couple et la personne*, (collection quadrige), PUF, 2001.
Zazzo René, *Le Paradoxe des jumeaux*, Stock-Pernoud, 1992.

Index